世界「最終」戦争論

近代の終焉を超えて

内田樹 Uchida Tatsuru
姜尚中 Kang Sang-jung

a pilot of wisdom

はじめに――悲劇の氾濫の中で

姜尚中

歴史を突き動かす力とは、何なのか？

人間のこれまでの歩みを世界史として総括し、その到達点を近代――すなわち「西洋」への道のりとして描いた哲学者のヘーゲルは、その力を、自由の理念の苦難に満ちた歩みとして表現した。

たとえ、歴史の一コマ一コマが、血のしたたる惨劇と人々の苦悶《くもん》、嘆きと悲しみ、恐怖と不安に満ち溢《あふ》れていたとしても、歴史の断頭台の先には、世界精神の勝利の女神が微笑《ほほえ》んでいる。そんな世俗的な救済史として世界史を構想したヘーゲルは、近代の勝利に、自由の理念の自己実現を夢見たとも言える。

しかし、二度にわたる世界大戦と大量殺戮《さつりく》、原爆投下とホロコースト、朝鮮戦争とベトナム戦争、さらに、数々の内戦や、湾岸・イラク・アフガン戦争、そして空爆やテロなど、今も続く殺し合いの惨劇を目の当たりにすれば、ヘーゲル的な楽観論は、跡形もなく消え失せてしまうに違いない。

にもかかわらず、二つの点において、依然としてヘーゲルのテーゼは、現代的な意味を失ってはいない。

一つは、人間が、歴史が、そして世界史が大きく旋回していくのは、悲劇的な出来事によってであるということ。

もう一つは、私たちが、決して西洋中心ではなく、より〝多中心〟の、より〝分散した〟場で生きているにしても、それは結局、グローバル化され、すべてがどこかで繋《つな》がっているという意味においては、たった一つの世界であり、言葉の真の意味で、世界史と言える歴史を生きているということである。

そう、私たちは、依然として「近代の子ども」なのだ。

文豪・夏目漱石は、最初の新聞連載小説『虞美人草《ぐびじんそう》』の締めくくりに、悲劇は喜劇より偉大であると断じている。惨劇や苦難、悲嘆や煩悶、死や病といった悲劇を通じて、人は粛然とし、「生まれ変わる」。

――漱石はきっと、そう言いたかったに違いない。

＊

戦争は、悲劇の最たるものである。

戦闘で、ガス室で、空爆で、化学兵器で、原爆で、何万、何十万、何百万、何千万の人命が失われて来たことか。その多くが、こともあろうに、自由の理念が勝利し、人権の尊重が謳《うた》われ、空前の豊かさが実現された二十世紀に起きたのである。

第二次世界大戦が終わったとき、多くの人々が、「もう二度と再び！」（Never Again!）と誓ったに違いない。もう二度と再び、あのような悲劇を繰り返すまい。その誓いとともに、戦後が始まり、「生まれ変わりたい」という願いが、歴史を突き動かして来た。

しかし、殺戮は、決してやむことなく、大小の悲劇が世界中に散撒《ばらま》かれ、歴史の断頭台の露と消えていく人命が絶えることはない。

そして、冷戦終結から四半世紀が経過した現在、自由の勝利があまねく地表を覆う世界は、逆説的にも、自由を押さえ込む世界へと反転しようとしている。難民とテロという悲劇が、境界を越えて溢れ出し、もはや、近代のネガを、特定の〝見えない場所〟に押し込めておくことができなくなりつつあるからだ。

飢餓。

貧困。

テロ。

これらの悲劇を国境の外に封じ込め、その内側だけで成長と繁栄の喜劇的な祝祭に酔うことができた「豊かな国々」の中に、国境の外と同じ悲劇が「闖入《ちんにゅう》」し、今や、世界は「汎悲劇主義」という点で、限りなく一つの世界になりつつある。

そう――今ようやく、「唯一の世界史」を記述できる条件が、出揃《でそろ》ったのかもしれない。しかし、それは同時に、自由の理念に突き動かされて来た時代が、終わったことをも意味しているのかもしれないのだ。

かつては、その終焉《しゅうえん》を告げるべく登場してきたのが、ナチズムという「新しい野蛮」であった。それに対して、今、迫《せ》り上がりつつあるのは、ポピュリズムという「二十一世紀の野蛮」なのかもしれない。しかも、それがよりによって、自由を建国の基本理念とし、近代の「正統」と見なされてきたアメリカとフランスにおいて、顕著に見られる現象であることに、隔世の感を禁じえない。

「二十一世紀の野蛮」の台頭が意味しているものとは、果たして何なのだろうか？

自爆を覚悟し、自らの肉体の炸裂《さくれつ》が祝福されると信じる人々や集団を、巨大な軍事力や核の抑止力で押さえ込むことができるだろうか。しかも、その炸裂が、劇場で、地下鉄で、空港で、盛り場で起きるとすれば、「自由な社会」は、その悲劇に耐えられるだろうか。恐怖と不安、敵愾心《てきがいしん》が増幅し、やがて自由を忌み嫌い、暴力や扇動に身を任せることになる「殺戮の連鎖」が、延々と続くだけではないのか。

だとすれば、今や、戦場と銃後、戦時と平時、悲劇と喜劇といった区分すら、ほとんど意味をなさなくなる時代が始まろうとしているのかもしれない。

この「汎悲劇主義」が、近代の成れの果てであるとすれば、私たちは、それが永続的に続く世界史を生きていかざるを得ないのだろうか。

それとも、別の近代への入り口があるのか。

そのどちらでもないとすれば、その終わりとともに、近代以後の世界が見えてくるのだろうか――。

私たちの時代が、百年か、二百年、あるいは、それ以上の単位の歴史の分岐点にあるのかもしれないという予感のもと、日本を代表する思想家の一人である内田樹氏と「世界史」の大きな図柄を描きつつ、身近な出来事に迫ってみようとした本書が、時代を読み解く羅針盤になればば望外の喜びである。

目次

第五章　シンガポール化する日本

近代百五十年の成長の陰に「棄民」ありき
アメリカの近代産業を支えた「動力」は「奴隷」
アメリカを近代化のモデルとする過ち
アメリカの成功が人類を不幸にした
軋み合う大国、振り回される小国
アメリカモデルは失速する

日本のシンガポール化
独裁者は郷土を荒廃させる
シンガポールの暗部を描く若き映画人たち
着々と進むシンガポール化構想
リベラルの弱点は根っこにある成長神話
定常経済への移行が未来を救う

構成／宮内千和子
写真提供／ユニフォトプレス（第一、三、四、五、六章扉）
扉デザイン／MOTHER

序章

問題提起
世界は「最終戦争」に向かっているのか

ウジェーヌ・ドラクロワ《民衆を導く自由の女神》
1830年　キャンバス、油彩　259×325cm　ルーブル美術館蔵

パリ同時多発テロ事件を受けて

姜　まず冒頭、少々長くなりますが、内田さんとの対談の叩《たた》き台となる、僕なりの問題提起を開陳しておきます。

二〇一五年十一月にフランスで起きた同時多発テロ事件を手掛かりに、後で具体的に僕なりの問題提起を考えてみたいと思いますが、その前に現代という時代がどんな時代なのか、長いスパンで見てどこに位置付けられるのか、その点について大きく俯瞰《ふかん》的に見ておきたいと思います。

個人的な話になりますが、僕がメディアに露出するキッカケになったのは、一九九一年の湾岸戦争でした。中国では天安門事件が起き、ベルリンの壁が崩れ、冷戦が崩壊し、また日本では昭和が終わり、そしてソ連邦が瓦解しかける、ちょうどその時期に湾岸戦争という、それまでの戦争のコンセプトとイメージをひっくり返すような戦争が起きたわけです。

この戦争がどんな意味をもつのか、よくわからないまま、僕たちの耳目はソ連邦崩壊の衝撃に釘付けになっていました。

でも、すでにソ連邦崩壊は、その前からある意味で避けられない事態だったのであり、むしろ奇跡的なのは、それが比較的、暴力的なカタストロフィーなしに粛々と進んだことです。それは、「東欧革命」とセットになって、冷戦崩壊以後の世界の平和の配当を予感させるものでした。二大超大国の一方の当事者が体制的に終焉を迎えたのですから、冷戦という、世界史的な時代区分が終わり、ポスト冷戦時代の、核の恐怖から解放された新たな時代の到来の予感が満ちていたように思います。

アメリカの政治学者フランシス・フクヤマの『歴史の終わり』に倣って言えば、日常生活のアメニティにうつつを抜かす、退屈だが、平和な時代が来るという感じだったのです。ヘーゲルの「歴史哲学」のように、自由な理念の自己発展としての世界史は、アメリカを究極のテロス（目標点）として、もはやそれ以上に革命的な飛躍はあり得ないということだったわけです。

冷戦のはじまりは第一次世界大戦前後

姜　振り返ってみると、冷戦のはじまりはいつごろだったのかと言えば、僕はやはり第一次世界大戦前後から始まっていたと思います。

あるいは、第一次世界大戦で初めて出現した「総力戦」が、レーニン主義に多大のインスピレーションを与え、国家と社会が一体化する新たな「全体国家」のイメージを与え、それが実際にはソ連邦という国家に実現されたことになります。

でもすでに、先進資本主義国家が、国家という「管制高地」（コマンディング・ハイツ）を資本の利潤率極大化にとって桎梏《しっこく》とみなし、ハイエク流の新自由主義的な方向に舵《かじ》を切って以来、国家という図体の大きい「管制高地」の重圧に苛《さいな》まれていたソ連邦やその衛星諸国の停滞と劣化は明らかでした。

その意味で、僕は大体、一九七〇年代の末に本来なら、ソ連邦とその衛星諸国の体制は転換を余儀なくされていたと見ています。この意味で、冷戦は、第一次世界大戦後から七〇年代の終わりにわたって、大体六十年くらいの間、続いていたことになります。八〇年代の十年間は、ソ連邦の幕引きのための準備期間だったと思うのです。

ただ、冷戦といっても、それは、あくまでも「西欧」を土台とする近代の枠の中での対立に過ぎません。

社会学者のマックス・ウェーバーは、その浩瀚《こうかん》な『宗教社会学論集』の序言で、「近代ヨーロッパ文化世界の子」という言い方をしていますが、マルクス・レーニン主義もそうした

「子」であり、ソ連邦も、ヨーロッパからアジアに広がる「ユーロ・アジア」(ユーラシア大陸)の国家であるにしても、その基本的な原理は、近代の枠の中に収まっていたわけです。

平和の百年、発展の二百年

姜　さらに、第一次世界大戦より百年を遡《さかのぼ》れば、ウィーン会議によって成立した神聖同盟の時代に行き着きます。

ロシア皇帝、オーストリア皇帝、プロシア王との間に締結されたこの同盟は、神聖ローマ帝国をイメージしながら、フランス革命・ナポレオン戦争以後の、近代としてのヨーロッパに対する復古的な世界秩序復権の試みでした。

知っての通り、一八四八年の二月革命に始まる様々な革命で、この保守的なレジームは瓦解しますが、経済人類学者のポランニーが『大転換』で指摘している通り、ウィーン体制から第一次世界大戦の勃発まで、ヨーロッパは「平和の百年」(peace hundred)を享受していたのです。

もちろん、十九世紀の半ばから、ヨーロッパではフランス革命のレガシーが息を吹き返し、マルクスの「共産党宣言」に見られるような社会主義のヴィジョンへと結実するとともに、「西欧」の純化された巨大な飛び地とも言えるアメリカでは内戦（南北戦争）を経て、新大陸アメリカの台頭が始まろうとしていました。

こうみてくると、大体十九世紀から二十世紀の二百年近く、世界史はヘーゲルが考えたように「西欧」を土台とする近代の生成、発展の時代だったと言えます。そしてその中の対立も、神聖ローマ帝国の残影を追い求めたウィーン体制崩壊後の国民国家の簇生《そうせい》の歴史を見てもわかるように、あくまでも国民国家体制の枠の中で展開されて来たわけです。

確かに、マルクス主義は、その壁を乗り越えてインターナショナルに広がる可能性を秘めてはいました。でも結局、それも、スターリン主義の一国社会主義体制が示しているように、実際には連邦制をとった巨大な国民国家の枠組みの中で存続し得たのです。

西欧における「自由」という支配的なイデオロギー

姜　ポランニーは、平和の百年が存続し得た国際的な条件として、

（1）国民国家のシステム

（2）勢力均衡（バランス・オブ・パワー・システム）
（3）国際金本位制
（4）自己調整的市場

を挙げていますが、一九七〇年代の末に残ったのは、国民国家のシステムと自己調整的な市場経済だけです。

そして後者の自己調整的な市場経済はグローバルに、それこそ地球を呑《の》み込み、それに対して依然として国民国家は、一定の領土と空間に縛り付けられ、市場経済と国民国家との齟齬《そご》は、ますます深刻化し、ある意味でコントロール不能に陥りつつあります。

それでも、その齟齬や軋轢《あつれき》は、あくまでも近代という枠の中の矛盾として意識され、世界史は、近代の「正統」として躍り出た、フランス革命の国とアメリカ独立革命の国を雛形《ひながた》に展開していくものと考えられていました。ここで言う「正統」とは、革命という一定の原理・原則によって作られた国家であり、それは、一言で言えば、自由を根本的な原理にしているということです。

確かにフランス革命には、平等もあり、友愛もあります。しかし、フランス革命も、アメリカ独立革命も、根本にあるのは、自由という基本的な原理であり、自由に関しては、二つの国とも原理主義的な態度をとっていると言ってもいいと思います。

世界システム論者のウォーラーステインは、十九世紀以来の近代の支配的なイデオロギーは、リベラリズムであると言いきっていますが、まさしくそうであり、それが国家の原理になっているのが、フランスであり、アメリカです。この意味でアダム・スミスやJ・S・ミルを輩出しながらも、王制を存続させ、本格的な共和政体の歴史を知らないイギリスは、自由を原理として作られた国家ではありません。

こうした過去の近代の枠の中で動いて来た世界史は、明らかに「西欧」やそのコロラリー(帰結)としてのロシアやアメリカ以外の地域や民族が、続々と国民国家を形成し、世界史の舞台に姿をあらわすことになりました。

ただ、それは、あくまでも「西欧」を土台とする近代の模倣か、そのデフォルメされた変形に過ぎなかったと言えます。

「自由」への反逆——石原莞爾《かんじ》の『世界最終戦論』

姜　しかし、冷戦が終結し、近代が全面開花し、世界がすべてアメリカやフランスに見習って自由を原理に国家や社会、制度が形作られていくに違いないと思われたとき、逆説的にも近代が消耗し、もはやそれが「普遍性」を僭称《せんしょう》できなくなっていることが明らかになったのです。

一九七〇年代の末に起きたイラン革命は、そのはっきりとした徴候でした。

自由を基本的な原理とする国家とは違う国家が、「イスラーム復興主義」を掲げて登場し、それ以後、中東は大きな激動を迫られ、湾岸戦争から「ジャスミン革命」を契機とした「アラブの春」の挫折、シリア内戦、そしてＩＳ（Islamic State：イスラーム国）、越境的なテロ、難民のヨーロッパへの流出など、「西欧」を土台とする近代そのものが揺らぐとともに、自由の原理そのものを「国是」とする国家が、まさしくそれを否定するような方向へと動こうとしているのです。自由の原理を「原理主義的」に掲げるフランスとアメリカほど、中東などの地域に軍事的に介入を続けて来た国家はないかもしれません。

そのような国家に対して、かつて関東軍参謀の石原莞爾は、『世界最終戦論』を掲げて、日本とアメリカの戦争を描き出そうとしました。それが、どんなに荒唐無稽《むけい》な戯《ざ》れ言《ごと》であったのか、敗戦後の歴史が示している通りです。また、日米開戦を受けた一部の知識人たちの「近代の超克」論が、ほとんど酩酊《めいてい》状態の戯言《たわごと》だったことも明らかです。またそうした戦争のニュアンスをかき消して、文化的な戯れの中に韜晦《とうかい》した「ポスト・モダン」の思想も、フクヤマ的な「歴史の終わり」も、今から思えば、あくまでも近代という枠組みの中の幻影に過ぎなかったと言えるかもしれません。

しかし僕は、七〇年代の末から、確実に「西欧」を土台とする近代が擦り減り、自由の原理そのものが篩《ふるい》にかけられつつあると思います。

フランスに蔓延《まんえん》する「呪詛《じゅそ》」

姜 そうした中、パリで衝撃的なテロ事件が起きたわけです。それは、ある意味で「世界〝最終〟戦争」の予兆ではないかとすら思えてならないのです。パリのテロ（パリ同時多発テロ事件：二〇一五年十一月十三日、パリ市街と郊外のサン＝ドニ地区の商業施設で、ＩＳの戦闘員と見られる複数のグループによる銃撃および爆発が発生し、死者百三十二名、負傷者三百名以上を出した。ＩＳが仏のシリア空爆への報復とする声明を発した）に関しては、内田さんも様々なメディアで発言していらっしゃる。僕は内田さんほどフランス事情には詳しくはないのですが、やはり昨年起きたシャルリー・エブド銃撃事件（二〇一五年一月七日、パリにある風刺週刊誌「シャルリー・エブド」本社が襲撃され、警察官と編集者ら十二人が殺害された）を含め、この十年くらいにフランスで起きたことを見ていると、フランスという国がかなり呪詛の対象になっているような気がしています。

それを最初に強く意識したきっかけが、二〇〇五年に起きた移民系の若者たちによる暴動事件です。ご存知のように、この暴動の発端となったのが、その年の十月二十七日にパリの北東郊外のクリシー＝スー＝ボワで起きた事件です。北アフリカ出身の移民系の若者三人が、強盗事件を捜査していた警官の執拗《しつよう》な追跡にあって、変電所に逃げ込んだところ、そこで二人が感電死、一人が重傷を負ったという痛ましい事件です。この事件に憤りを感じた移民系の若者たちが、その夜から決起して消防や警察に投石したり、車を焼いたりして暴動が広がっていった。車が放火されたのは九千台から一万台と聞いていますから、相当大きな暴動だったと思います。

内田　当時の内務大臣はニコラ・サルコジでした。フランス全土に非常事態宣言が出されました。機動隊が導入されるなど、強硬な治安維持対策が取られて、かなり緊迫した状態になりました。

姜　ええ、サルコジはパリ郊外に住む移民の若者たちを「社会のクズ」と言って、それも彼らの反感を買いましたね。実は、あの暴動がどういう背景で起きたのか、僕自身の目で確かめたいという思いもあって、事件後、ＮＨＫの番組でパリに取材に行ったんです。ＮＨＫのクルーと一緒に、パリから車で一時間ぐらいのところにある、移民系の人たちが住んでいる地区に入りました。そこは、六〇~七〇年代に建てられた高層住宅が老朽化し、地域全体が「移民」のゲットーと化しているような場所です。古びた十階建てほどのビルに、移民系の人たち、移民二世、三世の子どもや若者が住んでいる。そういう最貧困層の移民系の人々が住む、スラム化した高層団地が立ち並ぶ地域です。

暴動のきっかけとなった事件はそういうところで起きたわけです。事件当日のことをあらためて取材し直してみると、十代の若者たちが数人でサッカーの試合後に歩いていたところ、警官たちがやって来て乱暴な不審尋問を始めたと。まだ十五歳から十七歳くらいの若者だったと思います。普段から警察官にこづかれたり、罵詈《ばり》雑言《ぞうごん》を浴びせられていたりしたのでしょう。警官たちの横暴な態度に子どもたちは怖くなって逃げ出して、追って来る警官から隠れようと逃げ込んだのが変電所だった。そこで二人の子が感電死するという悲劇が起こるんですね。この事件がきっかけでフランス中に暴動が感染して広がっていくわけですが、僕は実際にこの移民系の人たちが住むゲットーに立ち入ってみて、暴動の背景にあるものを肌で実感したような気がしました。

9・11から増え続けるテロ

姜　ゲットーのビルに立ち入ったとき、ビール瓶を投げ付けられていったん退去するという危ないこともありましたが、住人たちにインタビューはできました。十四歳の男の子が、自分はフランスで生まれて、フランス語しかしゃべれない、お父さんお母さんの国も知らないし、イスラームって何のことかわからないのに、ここにいるとみんなから白い目で見られる。だから自分はここを出て他のところへ行きたいけれど怖くて行けないのだと、半分べそをかきながら言うんですね。

そんな移民二世、三世の子どもたちの話を聞いて、非常にいろいろ考えさせられました。一口に移民といっても、アフリカ系、インド系、アジア系の移民などが様々な地区で生活していますが、最も多いのがアルジェリア、モロッコなどから来たマグレブ（北アフリカ）系アラブの人たちです。この人たちは、当時でも失業率が三割から、多いところで四割という状況でした。取材でマグレブ系の人が多い学校にも行ってみました。そこではいわゆる生粋のフランス人の先生たちが、彼ら移民の二世、三世がなんとか上に上がっていけるように一生懸命頑張っているんですね。でも、先生方にインタビューすると、フランスは自由・平等・博愛の国といわれるけれど、それは単に紙の上だけですよと、フランス社会に対して半ば絶望しているようなことを言う。実際、ソルボンヌ大学を出ていても、マグレブ系の名前でハローワークのような職業案内事務所に電話すると、名前を聞いただけですぐに電話が切られちゃうという状況なのです。

そうした状況下でああいう暴動が起きた。今回のパリでのテロ事件も含めて、フランスでの暴動やテロというのは、明らかにアメリカの9・11とは違う起こり方をしているなと思う。外側からアタックしたというよりは、フランスの中で育ったホームグロウン・テロリストによるものです。潜伏先のアジトで射殺されたテロの首謀者の一人は、モロッコ系のベルギー人で、ISから指示を受けてテロを実行したと検察当局は見ているようです。

ISがフランス在住の移民系の過激派をどのように扇動しているのか、具体的なことはわかりません。でも間違いなく人民主権、民主主義、それから人権と市民権——中でも自由を基本原理とするフランスという国家が彼らの呪詛の対象になっているのは確かだと思います。これは内田さんが詳しいと思うのですが、かつてで言うと、民族とは何か、国家とは何かという問題を問い続け、植民地主義との闘争に人生を捧《ささ》げたフランツ・ファノン（アルジェリア独立運動で指導的な役割を果たしたマルティニーク・フォール＝ド＝フランスの思想家）の『地に呪われたる者』というイメージを僕は持ちました。

ただ、僕が取材で出会った、国家から見捨てられた移民系の人々が、もしかするとテロ予備軍、自爆予備軍になっていくとしたら、今回のパリのテロへの対応が、ＩＳの支配地域への空爆というやり方では、まったく問題が解決されないということだけは断言できる。解決どころか、ますます泥沼に入っていくのではないかという印象を強く持たざるを得ません。

一説によると、９・11からこの十五年間で、テロをどうカウントするかは別として、世界中で起きているテロの数が何十倍にも増えたという見方もあります。僕自身も、もっとこれから増えるんじゃないかという、暗い予想を立てざるを得ない。内田さんは、こうした状況をどう見ているのか、それをぜひお伺いしたいと思います。

第一章
液状化する国民国家とテロリズム

マチュー・カソヴィッツ監督『憎しみ』（1995年、フランス）ポスター

社会的上昇の機会のない移民系若者たち

内田　フランスでのテロ直後に、SEALDs KANSAI（Students Emergency Action for Liberal Democracy-s KANSAI：自由と民主主義のための関西学生緊急行動）の諸君とトークセッションをしました。そのときに、フロアから「フランスのテロのことをどう考えますか」と質問されました。フランスの人たちは「いつかこんなことがあるだろう」という覚悟はあったはずだと僕はお答えしました。

姜さんも指摘されたように、フランスはイスラーム系の移民を五百万人、つまり人口全体の一割近く抱えている。そしてこの一割の市民たちはフランス社会に適切には統合されていない。パリの郊外（バンリュー）と呼ばれる巨大なスラムがあります。イスラーム系市民はそこに押し込められている。そこで生まれた移民の子どもたちは、社会的上昇の機会を制度的に奪われている。

姜　そうなんです。上に上がるチャンスがまったく閉ざされている。

内田　以前、バンリューの中学校に勤めていたというフランス人女性と話をしたことがあります。そのとき、マチュー・カソヴィッツ監督の『憎しみ』（一九九五年、フランス）や『アサシンズ』（一九九七年、フランス／ドイツ）など、バンリューを舞台にした映画のことが話題に出ました。『憎しみ』というのは、移民の青年たちの日常生活をドキュメンタリータッチで撮った作品で、社会的に排除された青年たちがしだいに凶悪な犯罪行為に手を染めてゆく様子が活写されています。

パリのバンリューって、本当にあの映画みたいな感じなのですかと訊《き》いてみたら、あの映画を撮ったのは彼女の勤めていた中学校のすぐ近くで、実際にバンリューの公立学校はあんな感じですと言っていました。彼女によると、バンリューには文化的なものが何もないのだそうです。美術館もない、図書館もない、コンサートホールもない、本屋もない、映画館もない。だからバンリューで生まれた子どもたちは、文化資本を獲得するチャンスから制度的に遠ざけられている。

姜　ゼロだと思います。これは実際行ってみて僕もそう感じました。

内田　フランスは階層社会ですけれど、その階層差の指標は文化資本の差なのです。ピエール・ブルデュー（フランスの社会学者）が『ディスタンクシオン』で分析したように、階層差は教養やマナーや美的感受性や言葉遣いによって表示される。そういう文化資本は残念ながら成人してからの学習努力では身につくものじゃない。「生まれ育ち」で決まる。その点で、バンリュー育ちの移民の子どもたちは文化資本の獲得機会から決定的に遠ざけられている。勉強のできる子どもなら、奨学金をもらえば大学まで行けるでしょうけれど、学歴では文化資本の差は埋められない。プルーストを読んだこともないし、ドビュッシーも弾けないし、美術品の鑑定眼も持たないし、ワインの良し悪しもわからないし、スキーもテニスもできない……。そういう若者はフランスのような階層社会では、大きくチャンスを損なわれている。階層社会の差別構造の悪辣《あくらつ》なところはそこなのです。政治権力や経済力の差ではなくて、そのような力を手に入れるための「レース」への参加資格そのものが、文化資本を持たない若者たちには与えられない。

収奪を尽くした植民地支配のツケ

内田　フランスは自由・平等・友愛という美しい原理を掲げています。学校教育は大体無償です。だから、表面的には社会的上昇のチャンスは全国民に平等に与えられているはずなのです。でも、現実にはそうじゃない。文化資本を獲得できない環境に投じられた子どもたちには社会的上昇のチャンスが事実上はない。フランス人たちはフランス社会がそういう構造になっていることをもちろん知っています。自分たちの社会が差別の再生産システムであることを知っている。その点については「病識」がある。自分たちがそういうことをしているという「疚《やま》しさ」がある。だって、実際に『憎しみ』のような映画が作られているわけですから。それどころか、バンリューの移民たちの犯罪集団をフランス政府が地域ごとミサイルで抹殺しようとして、かえって反撃されるという『アルティメット』（二〇〇四・二〇〇九年、フランス）のようなアクション映画が作られている。フランスの観客はそのような物語を現に娯楽として消費しているわけです。だから、ああいうテロが起きても、「私たちは移民たちに対して悪いことは何もしていないのに、一方的に攻撃されている。理由がわからない」というような無辜《むこ》の被害者という立場をとることはできないはずなのです。

姜　そうですね。多分、自分たちがやってきたことへのツケが回ってきたと感じているフランス人はけっこう多いと思います。

内田　シリアやレバノンはもともとフランスの委任統治領です。第一次大戦後、フランスはイギリスとともに中東を植民地支配してきたわけですけれど、果たして、その支配期間を通じて、現地の人々がいずれ宗主国抜きで政治的・経済的に自立できるような社会インフラの整備を行ったのか。行政や司法や医療や学校のような制度資本の充実に資源を投じたのか。この問いに胸を張って「イエス」と答えることのできる旧宗主国民はまずいないと思います。中東に破綻国家を出現させたのも、中東の人々のうちに欧米に対する不信感や憎悪を扶植したのも、もとをただせば英仏をはじめとする帝国主義列強です。

フランスは多分、今でもシリアを自国の「縄張り」だと思っているのでしょう。石油利権を含む様々なビジネスの利権も保持している。だから、当然のように空爆の飛行機も出す。あたかも植民地の宗主国であるかのようにふるまっているわけです。まさか「誰からも恨まれる筋合いはない」とは思っていないでしょう。

姜　うん、思ってない。シリアが独立国家になってからも、フランス人の彼らに対する植民地意識というのは、百年もの間、続いてきたということですよね。

内田　百年前にしたことの因果がめぐってきたんです。自分たちの都合でオスマン帝国領を分割した、あのサイクス＝ピコ協定（一九一六年、イギリス、フランス、ロシア間で結ばれたオスマン帝国領分割の秘密協定）から今年でちょうど百年ですけれど、結局帝国による恣意的な国境分割によっては近代的な国民国家は形成されなかった。分割したときは、いくら人為的に引いた国境線でも、百年も経てばそれなりにリアリティを獲得するかと思っていた。けれども、百年経っても、根付かないものは根付かなかった。そういう歴史的失敗についての罪責感を、心あるフランス人なら、どこかで感じているとは思うんです。

そういう罪の意識は多少はある。でも、自分がテロに遭うのはいやだ。それが正直なところでしょう。そのせいで今のフランス知識人は非常に中途半端な立場にある。テロは抑制したい。でも、テロを生み出したのは自分たち自身である。人口の十パーセントのムスリムたちを社会的に統合する仕組みを自分たちはきちんと作ってこなかった。今も制度的にムスリムを排除し、彼らの民族的アイデンティティを否定して、社会的統合への道を塞いでいる。そうやって「フランス社会に居場所がない」と思っている人々を毎年十万単位で作り出しておきながら、一方では「テロを根絶」と言うのは無理だということは少し考えればわかるはずです。

これからも中近東から何十万人単位の難民・移民がヨーロッパには流れ込んでくるでしょう。彼らを受け容れて、社会秩序を維持するためには、これまでのやり方ではもう通らない。政教分離の原則を外して、宗教に対して公的に寛容な態度を示すしかないと思います。

姜　そうですね。そうせざるを得ないでしょう。

内田　政教分離の原則はフランス人にとっては近代市民革命の「誇るべき成果」の一つなのです。でも、その時点の歴史的状況の中で、カトリックが深く政治に関与している現状よりは

「ましな解」として選択された。その限りでは、ある歴史的状況における最適解に過ぎない。決して超歴史的汎用性があるものではない。今のフランスは十九世紀のフランスとは状況が違います。宗教を「私事」に押し込めて、公的な場面に登場させないという抑制が「社会正義」であった時代とは、もう違う社会になっている。だったら、「宗教的寛容」の原則をもう一歩進めて、市民たちにそれぞれの宗教的信念を公的な場面においても貫く権利を保障するというところまでゆかないと対立は鎮められないと僕は思います。

「僕らにとっては、宗教は私事であり、公的な行為に宗教的信念を介在させない。けれども、もし君たちが『宗教は私事ではなく、公的生活においても信仰に準拠してふるまいたい』というなら、それを私は受け容れる」というところまでフランス人は譲歩すべきじゃないか。国内に宗教についての複数の態度が共生しうるということをフランスは証明してみせるべきじゃないかと思います。

ホストであり、現に社会的資源を独占し、指導層を形成している人たちからまず他者に対して寛容と歓待の態度を示す。「こちらだけが譲歩するのは平等じゃない。こっちが譲るなら、そっちも譲れ」という平等主義的な理屈を言い立てる人がいるかも知れませんけれど、まず「私」が先に譲るという、非対称的なふるまいがなければ、「共生の原理」が受肉することはあり得ない。むしろ、他者に対してより寛容であるものが、共生の場を主宰することができる。キリスト教だってそう教えているはずですよ。フランス人がそのことを理解しない限り、ムスリムとの共生は難しいと思います。

姜　フランスがそういう方向に舵を切る可能性は考えられますか？

内田　いや、残念ながらまだその萌芽《ほうが》は見られないです。十九世紀末にドレフュス事件（一八九四年）というのがありましたよね。

姜　ユダヤ人であるフランス軍のドレフュス大尉がドイツへのスパイ容疑で逮捕されて、軍事裁判で終身流刑となったフランス史上最大の冤罪《えんざい》事件ですね。エミール・ゾラ（自然主義を唱道したフランスの小説家）が「私は弾劾する」というタイトルで大統領への公開質問状を新聞に発表して、大尉の無実を訴えたことはよく知られています。でも結局、ドレフュスの冤罪が公式に認められ、名誉が回復されるまでには十年以上かかったわけですが。

内田　迫害の対象となったユダヤ人たちは、東欧やロシアからの移民たちでした。宗教を異にする移民集団への組織的迫害という点では、今のフランス社会で起きていることと同一の問題なのです。でも、十九世紀のフランス人たちは自力でこの問題を解決してみせた。エミール・ゾラをはじめとする知識人たちが団結して、フランス市民革命の原理に基づいて、同胞であるユダヤ人の人権を守り抜いた。

この時期のドレフュス派のフランス知識人たちの書いたものを読むと、本当に話がすっきりしているのです。ねじれたレトリックもなく、堂々たる雄弁をもって近代市民革命の理想を語り、整った論理と品格のある言葉で、迫害されている少数者の権利を守ろうとした。立派なものです。

でも、残念ながら、ドレフュス派の知識人を思わせるような堂々たる論陣を張る知識人は今のフランスには見当たりません。奥歯にものが挟まったような物言いをする人や、一ひねりも二ひねりもしたややこしいロジックで結局何を言いたいのかわからないような話をする人はいますけれど、まっすぐに顔を上げて、政府を相手に「ムスリムの人権を守れ」と堂々の論陣を張るというようなタイプの知識人は出てこない。

それを見て、フランスも衰えたな、と思いました。フランスって、なんだかんだ言いながら、十八世紀から十九世紀末までは「人権のための戦いのフロントランナー」だったでしょう。近代市民革命の旗手として戦い続けてきて、かなり高い通算勝率を上げてきた。そのプライドが国民的に共有されてきたはずなんです。でも、この百年を見ると、悪いけれど、もうそろそろその看板は下ろしたほうがいいかもしれない。

敗戦国の総括をしなかった後遺症

内田　ドレフュス事件の後は、ヴィシーの対独協力政権下でのレジスタンス活動だけがフランスにとって誇るに足る実績ですけれど、レジスタンス以後の七十年はもう世界に誇れるような政治文化がありません。六八年の五月革命がどれほど意義のあるものだったか訊かれても、今のフランス人の多くは「うーん」となってしまうんじゃないですか。

なぜ現代のフランスの知識人たちはドレフュス事件のときに、あるいは対独レジスタンスのときに見せたような堂々たる倫理的態度や理路整然とした発言ができないのか。それはやっぱり一九三〇年代から後のフランスの政治的経験の総括がちゃんとできていないからだと思うのです。知性の明晰《めいせき》さ、批評性の確かさというのは、自分たちが犯した失敗や罪過に対する冷静な吟味によって担保される。僕はそう思っています。フランスの知識人の知性の活動がこのところぱっとしないのは、その総括が不十分だからだと僕は思います。

どんな政府も失政は犯します。それはなかなか防げない。でも、終わった後に、「こんなひどいことがあった」ということは冷静に総括しないといけない。どこで道を誤ったのか、どの政策選択が悪かったのか、制度のどこに瑕疵《かし》があったのか……それを事後に逐一吟味してゆけば、同じ失敗を繰り返さないで済む。それだけじゃなくて、知性を高い水準に保つことができる。

でも、自国の犯した失敗を数え上げて、その原因を究明することには、いつでも厳しい抑制がかかります。それは失敗の責任者たちがしばしば巧妙に責任を回避して、「次の体制」の指導層に潜り込んでいるからです。彼らは「済んだことはもういいじゃないか。過ぎたことを掘り返しても、失われたものは返ってこない。それより、未来の希望について語ろう」というようなレトリックを使います。必ず使う。一見すると、そのほうが寛容で、未来志向的な感じがするので、人々はついそれに頷《うなず》いてしまう。でも、それはかなり危険なことなのです。失敗について吟味する習慣を失うと、まっさきに知性が鈍麻してしまう。

誤解している人が多いですけれど、知識人の知性は、他人の欠陥をあげつらうときの舌鋒《ぜっぽう》の鋭さによってではなく、自分の犯した失敗や罪過について、その由来や成り立ちを明快に説明できるかどうかによって判定されるべきものなのです。おのれの失敗をクリアカットな言葉で記述し説明できるなら、知識人の知性は、それ以外の論件についても、適切に機能する可能性が高い。けれども、戦後フランスの知識人は、集団的にその責務を怠ってきたように僕には見えます。
最大の罪は「フランスは敗戦国である」という事実を隠蔽したことです。後でふれますが、フランスはヴィシー政権の間、事実上の枢軸国であり、ナチスドイツの協力者でした。でも、その事実を徹底的に隠蔽した。戦後、あたかも戦勝国のような顔をして国際社会に登場し、国連の常任理事国になった。本来なら、「私たちはそんな晴れがましい席を占める権利はない」という羞《は》じらいがあってよかったと思う。

姜　しかし、他の国々においては、フランスが先の大戦で敗戦国だったという認識はないですよね。

内田　ないですね。それは第二次世界大戦については、「敗戦の総括」にどこの国も失敗しているからだと思います。フランスを責めることができるほどきちんとした「敗戦の総括」をしている国なんかないですから。
フランスは一九三九年にドイツとの戦争が始まって間もなく、マジノ線（仏独国境中心に作られた対ドイツ要塞線）を破られて、ペタン元帥は独仏休戦協定を結びます。その結果、フランスの北半分がドイツの直接統治、南半分がペタン率いる対独協力のヴィシー政権の支配下に入る。第三共和政議会はペタン元帥に憲法制定権を委任して、自壊してしまう。ですから、ヴィシー政府は連合国に対する宣戦布告こそしていませんけれど、大量の労働者をドイツに送って軍需産業を下支えし、兵站《へいたん》活動を支援し、国内ではレジスタンスを弾圧し、組織的にユダヤ人狩りをして、アウシュヴィッツに送り込んでいた事実上の枢軸国だったのです。

姜 フランス人からすれば、その事実は完璧に隠蔽してしまいたいでしょうね。あの六百万人のユダヤ人を殺戮したナチスと同類だとは死んでも思われたくない。

内田 フランスはヴィシー政府の行動については歴史的記憶を抹殺しようとしています。白井聡《さとし》さん（思想史家、政治学者）の言う「敗戦の否認」です。ヴィシー政府がどういうことをしてきたのか、誰が政策決定に関与していたのか、どういう仕組みで様々な政策は実施されたのか、その政策に誰が協力したのか……そういうことは八〇年代の半ばまで四十年間、ほとんど言及されることがありませんでした。ヴィシーについての歴史研究そのものが存在しなかったのです。八〇年代になってようやくカナダやイスラエルといった海外の歴史学者たちがかろうじて残った史料に基づいて当時の事実を明らかにし始めた。フランスでヴィシー政府について歴史的な究明を行ったのはベルナール＝アンリ・レヴィ（哲学者）の『フランス・イデオロギー』が多分最初のものですけれど、これが一九八一年です。そのときもレヴィは「どうして古傷に塩を塗り込むような真似をするのか。フランス人が忘れようとしていることについて、今さら〝かさぶた〟を開いてどうするのか」という批判の十字砲火を浴びました。それほど激しい心理的抵抗があったのです。

ドレフュス派的な知識人だったら、そのような恥ずべき戦争犯罪に加担した国には、戦勝国を詐称したり、国連の常任理事国になったりする倫理的権利がない、恥ずかしいことは止めろと言ったはずなのです。でも、そんなことを言った知識人は、僕の知る限りは戦後フランスには一人もいなかった。「我々の手はけっこう汚れているんだ」と言い切った知識人がいたら、その汚れはどういう質のものか、どうして私たちは手を汚したのか、どうすれば拭い去ることができるのかといった一連の問いを国民的課題として立てることができたはずなのです。それに同意してフランスの「失敗」を検証する国民的な運動が成り立ち得たと思うのです。

そうしていたら、その後のフランスはもっと「まともな国」になっていたんじゃないかと思います。アルジェリア戦争も、ベトナム戦争も、現実に起きたこととは違った展開になっていただろうと思う。戦後フランスの迷走は、自分たちの戦争犯罪と敗戦の事実を隠蔽して、汚れた手を「白い」と言い張って、国民的な自己欺瞞《ぎまん》を演じたことに由来すると僕は思っています。

姜　どんなにリベラルなことを言っても、うわべだけというか、言葉に説得力がないわけですね。またその言葉を聞く側も、「偉そうなことを言っても、フランス人の本質は……」という見方があると、素直に入ってこないですよね。

内田　ドレフュス事件の時期のフランス知識人の書いた文章は本当にすっきりしているのです。まっすぐで、爽やかなのです。でも、今のフランスの知識人の文章は、立場はリベラルでも、保守でも、すごく読みにくいでしょう。うねうね、ぐにょぐにょしていて、「要するに何が言いたいんだよ！」とこっちが切れそうなくらいにわかりにくい。集団的にそういう文体が採用されている。

フランスの知識人がわかりにくい文体を組織的に採用するようになったのは、一九六〇年代の構造主義の時代からですかね。フランス知識人の書く文章がある時期から「何を言っているのかさっぱりわからない」複雑怪奇な文体になった。こっちはまだ子どもですから、その理由がわからない。頭のいい人たちは、こういう風にわかりにくく書くものなのかな、それともこれが流行《はや》りのスタイルなのかな、じゃあ、僕もこういう文体を習得しないといけないのか……と気持ちが片付かないままそういうテクストを濫読しました。

でも、今思うとそうじゃなかった。フランスの知識人たちが、クリアカットで倫理的にすっきりしたテクストが書けなくなったのは「敗戦の否認」の後遺症なのだと思います。自分の思いをそのまま文字通り腹蔵なく他人に向かってさらけ出すという、そういう透明感のある言葉遣いで時局を語れる人がいなくなってしまった。二重三重に多義的に意味を重ね書きして、読者をミスリードする技術にばかり熟達して、「本当は何が言いたいのか」を簡単には言い当てられないように身をくねらせたような文章を書くようになった。ゾラやミシュレー（フランスの歴史家。ロマン主義史学の代表者）やユゴー（ロマン主義文学の指導者であるフランスの詩人、小説家、劇作家。ナポレオン三世のクーデターに反抗）のような、品格があって、奥が深くて、それでいてわかりやすい文体で国家や歴史について書ける人なんか、今のフランスにはいないです。

シャルリー・エブド銃撃事件の後も、今回のフランスのテロの後にしても、国際的汎通性のある知見を語ったフランス知識人がいません。かつてはジャン＝ポール・サルトル（実存主義の哲学者）とかアルベール・カミュ（作家、思想家。『異邦人』『ペスト』『反抗的人間』等で知られる）とか、個人の知性を賭《と》して天下国家を論じた人がいたのに、そういう平明な知性がもういない。いろいろ難しいことを語っている人はいるのでしょうけれど、そういう人たちはフランス国内向けにその修辞的名人芸を駆使しているわけで、フランス国外の人たちに向けて、例えば、日本人に理解させる気なんかまったくないでしょう。

姜　そういう内情を内田さんから聞くと、我々のフランスに対するイメージがいかに一面的かということがわかりますね。みんな自由平等の国だと思っている。

内田　エマニュエル・トッド（フランスの人口学、家族人類学者）は『シャルリとは誰か？』という本で、十九世紀末の反ドレフュス派と、ヴィシー政権支持派と、今度のシャルリー・エブド銃撃事件の「私はシャルリ」のデモ参加者は、階層的に重複すると言っていますね。果たしてどこまで信用できる話かわかりませんけれど、「フランスの闇の部分」というのが実はドレフュス事件から後も手つかずで残ってきていて、しだいに「フランスの明るい部分」を圧倒しつつあるというのは、吟味に値する仮説だとは思います。

姜　反ユダヤ、反移民という、排外主義的な人々の層が連綿と続いているということですね。

極右の思想を引きずるフランス

姜　実は僕、二〇〇五年に起きたフランスの暴動を検証取材に行ったとき、仏極右政党「国民戦線」前党首ジャン＝マリー・ル・ペンにインタビューしたんです。一時間ぐらい。

内田　まあ、そうなんですか（笑）。

姜　彼の邸宅へ行きましたら……。

内田　邸宅なんですか。

姜　ええ、なんでもルイ・ボナパルトの妾宅《しょうたく》だったとかで、ル・ペンはこれを寄贈されたらしいですよ。パリ全体を一望のもとに見渡せるような贅沢《ぜいたく》な立地でね。

内田　ふうん、彼に心酔する大金持ちの人がプレゼントしたのでしょうか。

姜　ええ、多分。で、ル・ペンはその邸宅からパリを睥睨《へいげい》しながら、自分の両手でパリを握りしめるようなオーバーなジェスチャーをするわけですね。ル・ペンとはまともな話がほとんどできませんでした。彼は、アルジェの独立運動を弾圧したときのいろんな写真を持ってきて、自慢げに僕に見せるのですよ。

内田　え？　弾圧したときの写真ですか？　殺しているところとか……。

姜　そんな残虐な写真はなかったと思いますが、勇ましい軍服姿の写真が多かったように記憶しています。そのとき知ったのですが、ル・ペンはアルジェリア戦争に従軍しています。彼は、一見温厚そうに見えるのですが、中身は非常に暴力的なレイシストですね。彼も含めてヨーロッパの極右は、レイシズムに凝り固まっています。移民の二世、三世はフランス社会の中の汚点、ゴミだと信じて疑わない。いわば腐ったリンゴ扱い。フランスという箱にフレッシュなリンゴが詰められている中に腐ったリンゴが一つでもあると、みんな腐ってしまう。だから腐ったリンゴは取り除けという論法です。これは第二次大戦時の反ユダヤ主義に似ていますね。

そして一番の極めつきは、インタビューの最後に彼は僕にこう言ったんです。「この国をフランス人に！　さもなくば死を！」と。要はフランス人以外はいらない、死ねってことですよ。僕はもうあっけにとられて言葉も出なかった。

内田　そのフレーズは排外主義者の十八番ですね。

姜　でしょうね。内田さんもご存知の通り、二〇一一年からル・ペンの三女のマリーヌ・ル・ペンが党大会で新党首になったんですが、徹底的な反ユダヤ主義の父親とは仲が悪いのですよ。娘のほうは穏健路線を取りたいのに、父親はそれをぶち壊すかのような反ユダヤ的な暴言を吐き続ける。で、マリーヌのほうが限界を感じて、ル・ペンを党から追い出しちゃったんですね。でも、内田さんのおっしゃる通り、ヴィシー政権の時代の評価についてはフランス人の威信に関わることなので、党首の娘もできる限り触れないようにしているようですけどね。

しかし、二〇一五年十一月のパリ同時多発テロを受けて、十二月に実施された選挙（フランスの州議会議員選挙・比例代表二回投票制）では、国民戦線が「反移民」をスローガンに掲げて、広域圏でかなりの票を獲得しましたね。

内田　二十八パーセントでした。

姜　どうでしょう。国民戦線が第一党になって、今の党首のマリーヌが大統領になる可能性はありますか。

内田　そんな事態になったら、まさにミシェル・ウエルベックの『服従』を地で行くような話になりますね。『服従』が「予言の書」になってしまう。『服従』は「近未来SF小説」なんですけれど、政治的・思想的に劣化した今のフランスの現実をずばりと言い当てているような作品で、なかなかフィクションとは思えないほどです。

どういう話かというと、二〇二二年のフランス大統領選挙の決選投票で、移民排斥を訴える国民戦線党首のマリーヌ・ル・ペンと、イスラーム同胞党の党首との一騎打ちとなる。極右政権になるくらいならイスラーム政党のほうがまだまし……というので、社会党がイスラーム政党と組むという話なんですけれど、過程の細部が大変リアルで、もう現実としか思えない。

姜　ほう、ファシスト政権か、イスラーム政権かという究極の選択をフランス国民は迫られるわけですね。おもしろいなあ。で、どっちが勝つのです？

内田　フランスにイスラーム系の大統領が出現するのです。

姜　小説ではファシストよりイスラーム主義者を選択するのですね。今のフランス国民は相当なイスラーム恐怖症（イスラモフォビア）に陥っているはずですから、ウエルベックという人は相当な皮肉屋ですね。

内田　このところ国民戦線は議会選挙でも、第一回投票では一位なのです。第二回投票のときに他の政党が合従連衡して統一候補を出して、かろうじて国民戦線が第一党になることを抑えている。この小説がリアルなのは、この合従連衡の構図をちゃんと下敷きにしているところです。第一回投票で第一党になった国民戦線に対抗して、二位、三位連合を組むというのは現実のフランス政治のままなのです。ですから、もし二位がイスラーム政党なら、その党首が大統領になる可能性は十分にある。

でも、フランスで国民戦線のような極右政党がこれだけ支持されているという事実について、日本のメディアはほとんど関心を示さないですね。フランスは「自由・平等・友愛」という「表の顔」の裏に、ファシズムと反ユダヤ主義と移民排斥の暴力的な顔を常に隠し持っているのですけれど。

姜　引きずっていますね。

内田　ファシズムも実はフランスが発祥の地なのです。先ほど姜さんがおっしゃった、ル・ペンの言葉は"La France aux Français"「フランスをフランス人の手に」というものだと思うんですけれど、これは反ユダヤ主義者の愛用するスローガンなんです。

十九世紀末にエドゥアール・ドリュモンという「反ユダヤ主義の父」と呼ばれた政治思想家

がいましたが、彼が発行していた「自由公論《リーブルパロール》」という新聞の題辞なんです。二十世紀に入ってからも、シャルル・モーラス率いる極右団体アクシオン・フランセーズのスローガンにも採用された。だから、多分今でも極右のデモでは、この“La France aux Français”のプラカードが掲げられているはずですよ。

シャルル・モーラスはフランスというのは実は二つの国からできていると書いているのです。フランス革命を行い、ドレフュス派を形成したのが「表層のフランス」で、この連中はパリ周辺に住んで、お洒落《しゃれ》な都市生活を送り、銀行家とかジャーナリストとか大学教師とかしている。それと対立する形で、王党派で、カトリックで、農耕的な「深層のフランス」がある。この「深層のフランス」こそ真のフランスであるというのがモーラスの「一国二層論」です。この論は多分、今でもフランス社会に深く根を下ろしていて、何か国民的アイデンティティに関わる事件が起きるたびに甦《よみがえ》ってきていると思います。

アメリカにも出現した極右大統領候補

姜　最初に僕はフランスが呪詛の対象になっているのではないかという問いかけをしましたが、

フランスの人々の間にさらにイスラーム恐怖症が強まれば、この先、極右政権がフランスに誕生する可能性はあり得るのではないかと思います。そして、今回のフランスの選挙ではマリーヌ・ル・ペン率いる国民戦線が票を伸ばす中、アメリカでは共和党のドナルド・トランプ（実業家）が大統領候補としてある層から熱狂的な支持を受けている。両者とも大変な排外主義者です。そして現実的にこの二人が大統領になる可能性が皆無ではないわけです。

フランスとアメリカというのは、先の問題提起でも述べたように、自由を基本的な原理として革命を通じて成立した国家です。そういう二つの国に極右が出て来る。これ偶然なのでしょうか。

内田　いや、偶然ではないですね。日本だって極右の総理大臣が出て来ていますから。そして、この極右政治家に五十パーセント近い支持率が集まっている。もうヨーロッパはどの国も極右政党が支持率を伸ばしていますし、ドナルド・トランプを見ると、アメリカも劇的に「右傾化」している。

姜　明らかに世界は「右傾化」しつつある。この状況を内田さんはどう見ますか？

内田　イスラーム学者の中田考先生（同志社大学客員教授）から伺って、なるほどと思ったのは、これは「極右の勢力伸張」というよりは、むしろ「国民国家の解体」という事態であるという指摘です。

十七世紀のウェストファリア条約から始まった国民国家という統治単位そのものが、それを支えてきた歴史的条件を失って液状化しつつある。国民国家が統治単位のデフォルトではもうなくなりつつある。今の右傾化傾向は、国民国家の解体過程で生じている「きしみ」や「悲鳴」に近いものだと思います。だから、フランスの右翼は“La France aux Français”でデモ行進をし、アメリカでも大統領選挙で、トランプ支持者が「USA、USA」と絶叫する。これは国民国家フランスが解体しつつあること、国民国家アメリカ合衆国が解体しつつあることを、彼らなりに皮膚感覚で直感しているから出て来る言葉なんだと思います。

歴史の流れは別に極右の支配に向かっているわけじゃない。逆に、彼らが自分たちの存在根拠だと信じてきたものが消滅しつつあることへの不安と絶望が彼らをより過激にしているんだと思います。

アメリカとフランスは、なぜテロの標的に?

姜　アメリカとフランスの右傾化は、国民国家が解体していく過程での「きしみ」や「絶叫」

という見方に関しては、私も非常にそんな感じがします。しかし、ＩＳだけでなく、アルカイダ（イスラーム主義武装闘争派のネットワーク）も含めて、いわゆるイスラーム過激派といわれている人たちが、どういうわけかこの二国を重点的にターゲットにしているように見える。確かに、共和制を敷き、人民主権という基本的な近代民主主義の原理を作り上げたのは、フランスとアメリカだと思うのですが、ここまでテロの標的にされる他の共通点ってどこにあると思いますか。

内田　フランスにしてもアメリカにしても、初発の建国の原理・理念はすっきりしている。これほど建国の理念がすっきりしている国は世界でも例外的です。アメリカの場合は、ジョン・ウィンスロップ（十七世紀、ピューリタンの「新世界」移住を導いたイギリスの政治家）がマサチューセッツに入植したそもそものはじめから、聖書の教えに基づく理想的な宗教国家を作るという国家プランが明示されていました。

フランスは、王政を打破し、カトリックの精神的な支配を否定して、非宗教的な市民社会を打ち立てた。アメリカは宗教的であり、フランスは非宗教であるという点では、両国はまるで反対なのですが、いずれも原理主義的であるという点においてはよく似ている。だって社会がまるごと宗教的であったり、非宗教的であったりするはずがないからです。あらゆる社会は、宗教的なところもあり、非宗教的なところもあり、その混ざり具合はそれぞれ違う。「国によって、まあ、いろいろだわな」というあたりが大人の判断ですけれど、アメリカもフランスも、「まあ、いろいろだわな」を認めないという点では徹底している。白か黒か、どちらかだという原理主義的思考がこの二つの国の共通点だと思います。

でも、そのせいで、両国ともに、国内に政治的なグラデーションがうまくできず、「原理主義的二極化」という事態がすぐに生まれる。極端なのですよね。

フランスの場合だと、さっき申し上げたように、「自由・平等・友愛」のフランス革命の理念と、ヴィシー政府が掲げた「労働・家族・祖国」の理念がまっすぐに衝突する。この二つの原理主義はお互いを全否定する。だから、フランスでは、政変のたびに針が極端から極端に振れる。革命の後に帝政になり、王政復古したらまた帝政に戻り、パリ・コミューンがあって、共和制になったと思ったら今度は独裁制になる……。振幅が異常に大きい。王政とコミューンの「ナカとって」、フランス人好みの「いい湯加減」の政治体制を探るということがフランス人は本当に苦手なのですね。

フランスの知識人にはこの「ナカとって」的な和解のロジックを思いつく人が極めて少ないです。僕はアルベール・カミュという人がフランスの思想家としては一番好きなのですけれど、彼はフランス知識人としては例外的に「こちらの立場もわかるし、あちらの立場もわかる。ここは一つ……」というタイプの思考ができる人でした。

アルジェリアの植民者の息子として、アラブ人の間で育ったという来歴がそうさせたのでしょうけれど、カミュが今生きていたら、移民とテロの問題について、多分、非常に説得力のある、志の高い解決策を提起しただろうと思います。それが今のフランス人に支持されるかどうかはわかりませんけれど。

一方、アメリカの場合、国内的にフランスのような原理主義的な対立がなさそうに見えますけれど、やっぱりありますね。あの国には内戦の傷というのがあって……。

姜　そうだと思います。南北戦争（十九世紀のアメリカで起こった北部の合衆国と南部の連合国に分かれての内戦）ですね。

内田　僕たちは、アメリカ人は「敗戦の苦しみ」なんか知らないだろうと思っていますけれど、そうでもないです。アメリカ人が果たしていない「敗戦の総括」がある。それは一八六一年から六五年の南北戦争の敗戦の総括です。それがなされていない。

他国との戦いでは負けてないけれど、国内には十一州の「敗戦国民」を抱え込んでいる。そして、この南部十一州の「敗戦国民」のトラウマを救う物語をアメリカは持っていない。敗戦のトラウマに苦しむ国民を共同体に統合し、その苦しみを癒す、スケールの大きな「国民的な物語」が共有されていない。南部十一州の敗戦は「なかったこと」にされている。その点ではアメリカもまた「敗戦の否認」に取り憑《つ》かれていると言えると思います。

姜　ないですね。アメリカの南部の人々はずっと南北戦争の負け感を引きずっている気がします。

内田　アメリカにおける南部諸州の「敗戦国民」の気鬱《きうつ》は、日本における戊辰《ぼしん》戦争（明治維新の時期の、新政府軍ら倒幕派と幕府派の戦い）の奥羽越列藩同盟（新政府軍に反抗した諸藩の同盟）の気鬱に通じるような気がします。同国民なのだけれど、有形無形の差別を受け続けている。

僕がそれを強く感じるのはハリウッド映画を通じてですね。僕らはハリウッド映画を経由してアメリカ文化、アメリカ社会を知るわけですけれど、ハリウッド映画って完全に「北軍サイド」なんです。ハリウッドには、「南部的なもの」がない。

そもそもアメリカの映画産業というのは発生以来ユダヤ人が握っていますから、「南部的なもの」に対する郷愁や愛着というのは、ハリウッドのフィルムメーカーたちにあるはずがない。ユダヤ人は農耕文化から制度的に排除されてきて、土地所有の経験がない集団ですから、「南部的なもの」への共感を彼らに求めても無理なんです。

ハリウッド映画は南部を市場としては当てにしていない。だから、映画の中で、南部を平然と差別しますね。ほとんど「人外魔境」扱い。トビー・フーパーの『悪魔のいけにえ』（一九七四年、アメリカ）の原題は“The Texas Chain Saw Massacre”ですよ。「テキサスのチェーンソー虐殺」と地名名指しなのです。テキサスにドライブ旅行に行った若者たちが田舎者の一家に惨殺されて、首を切られて、皮を剝がれちゃうという話なんですから。日本で『青森のカワハギ男』なんていうタイトルの映画作ったら、青森県では絶対上映禁止でしょう（笑）。

姜　テキサスでいうと、コーエン兄弟の『ノーカントリー』（二〇〇七年、アメリカ）も血と殺戮のイメージですね。南部の大地はとかくそういう暴力的な描かれ方をしがちですね。

内田　そうですね。僕はアメリカ南部は行ったことないからわかりませんけれど、映画を観る限り、南部の男たちというのは、みんなテンガロンハットをかぶって、カウボーイブーツを履いて、汚いネルシャツ着て、バドワイザー飲んで、女性差別的で、すぐに人を殴ったり、銃で撃ったりする人たちという定型的なイメージがある。映画はそれを飽きることなく再生産し続けている。

もし日本で「戊辰戦争に負けたやつらは、こういう田舎者だ」という定型を、映画作品を通じて宣布し続けて来られたら、僕のような「敗軍の家系」の人間は我慢できないと思いますよ

（内田の高祖父は庄内藩士として戊辰戦争に臨んだ）。でも、アメリカではそういう嘲弄的なことを延々とやっている。南部の人はやっぱり我慢できないでいるんじゃないかな。内戦に負けたからって、百年も愚弄しやがって……という屈託がアメリカにだってあると思いますよ。

南北戦争以後、南部州出身で最初に大統領に選ばれた政治家はウッドロー・ウィルソンなのです。彼が第一次世界大戦の後に提示した、十四条の平和原則も、国際連盟構想も、どれも理想主義的なニュアンスのものですけれど、このウィルソンが提案した新しいアメリカの国家ヴィジョンを、ワシントンの政治家たちは全否定するのです。敗軍の系統に連なるウィルソンが国家に倫理性を求めるのは筋としては当然だと思うのですけれど、この原理主義的な構えに対して、ワシントンの政治家たちはまったく共感しなかった。

日本でいえば原敬《たかし》に似ているような気がします。原敬は戊辰戦争「敗軍」出身の最初の総理大臣ですけれど、ウィルソンによく似ている。どちらも、それまでのスキームと正反対の理想主義的な政策を実現しようとして、既成体制にはねかえされた。原敬は「一山」と称しましたけれど、それは「白河以北一山百文」という、戊辰の敗軍の経済的劣位をそのまま号にしたわけで、薩長政府に喧嘩《けんか》売っているわけですよ。「平民宰相」と呼ばれたのも、薩長の藩閥政府から爵位なんかもらえるかという敗軍の反発から来たものですし。

どこの国でも、内戦があった場合には、敗軍の側には、どうしてもうまく呑み込めないトラウマ的経験が残る。それが何かのきっかけで、既得権益を占有する「勝者」の集団に対する原理主義的な異議申し立てという形をとって顕在化する。そういうことじゃないかと思います。

アメリカの場合は、国内に南北の深い対立を抱えている。それが例えば、政党支持では、共和党と民主党の対立となって、そのまま色分けされる。だから今回トランプが登場して、ああいう横紙破りで、ある意味では原理主義的な発言をすると、たちまち熱狂的な支持者が出て来る。フランスに「表層のフランス」と「深層のフランス」があるように、アメリカにもやはり「表層のアメリカ」、ニューヨークと西海岸とハリウッド映画とロックと金融とメディアとショービジネスのアメリカが一方にあって、他方にトウモロコシ畑と油井とカウボーイとカントリーミュージックの「深層のアメリカ」があって、それが国内にある抜きがたい対立を記号的に表象している。そういうことじゃないでしょうか。

両者にある「敗戦」の屈託・ルサンチマン

姜　うん、その面で見ると、革命を起こした国はその内戦を鎮めて、ある種凍結状態にしている休火山みたいな感じですね。でも、内に秘めたマグマというか、過去の記憶は決して消えてはいない。今も厳然とある。それがいつ活火山となって噴き上がって来るかわからないという不安感はあるわけです。

すると今まで我々が描いていたアメリカの独立戦争も、フランス革命も、潜在的には深層のナショナルと表層のナショナルがあって、そこに抱え込んでいた屈託、葛藤が、テロを呼び込んでいるということでしょうか。

内田　ええ。アメリカの世界戦略には、神話的なものというか、病的な固執が含まれていると思います。例えば「西漸（ゴー・ウエスト）」というのは明らかにアメリカ国民に取り憑いた神話的な傾向だと思います。国家戦略としての必然性はないにもかかわらず、人々は西へ西へと向かっていく。フロンティアを西へと押し広げて、一八四〇年代末に太平洋に達して国内のフロンティアが消滅すると、次は日本列島にペリーを送り、米西戦争でフィリピン、グアムを獲《と》り、ハワイを併合し、日本を占領し、朝鮮半島を焼き払い、ベトナムを焼き払い、アフガニスタン、イラク、シリアに向かった。

アメリカの西漸傾向について養老孟司《たけし》先生と話したときに、僕が「どうして、ベトナムの後、中国とインドを飛ばしてアフガニスタンに行ったんでしょうね？」と訊いたら、養老先生いわく、「アメリカは都市には興味がないんだ。中国とインドは世界最古の都市文明だろう。だから、飛ばしたんだ」って（笑）。

姜　うーん、確かにエコとは程遠い国ですけどね。

内田　フロンティア開拓というのは、要するに自然を破壊し、森を切り拓《ひら》いて、人工的な環境を作り出すということなのです。大体「森を焼く」っていう発想って、日本人は思い付かないでしょう。ベトナム戦争のときに、米軍はナパーム弾を使って森を焼き払いましたよね。日本軍もアジアでずいぶん悪いことしましたけど、敵兵がいるから「森を焼こう」という提案には強い心理的抵抗があったと思いますよ。農耕民にとって森は八百万《やおよろず》の神の住まう場所であり、万物を養う贈与主ですから。いくら当座の戦術に有利だからといって、森を焼き払うというような提案は思い付かないんじゃないかな。

一八三〇年代はミシシッピー河が西部開拓のフロンティアでしたが、それが二十年ほどで太平洋岸に達し、政府が「フロンティアの消滅」を公式に発表したのは一八九〇年です。ほとんどあっという間に「西部」開拓は終わった。どれほどの勢いで自然を破壊したのか想像がつきません。

開拓民たちは幌《ほろ》馬車隊を組織して西部の森に入り、そこを開墾して畑を作り、しばらくして、その畑を放棄して、また馬車に乗って西へ向かった。トクヴィルはこの開拓民たちの自然破壊への情熱は「病気」だと書いていました。「ゴー・ウエスト」も病気だし、TPP（Trans-Pacific Partnership：環太平洋戦略的経済連携協定）もアメリカの病気の一種だと思いますよ。

姜　TPPも病気だと思いますか。

内田　独立戦争のときの「代表なくして課税なし」というスローガンがありましたでしょう。

姜　当時、アメリカはイギリスの植民地でしたけど、イギリス議会に代表を送ることもできないで、一方的に税金を取られていたわけですよね。その怒りが独立戦争のときの、そのスローガンになった。

内田　不当な課税に対する怒りがアメリカ独立のきっかけになったわけですよね。ボストン茶会事件（一七七三年、イギリス本議会の植民地政策に怒った植民地の急進派が東インド会社の船荷の紅茶を投棄した事件）もそうですけれど、そのときも喫緊の問題は税だった。アメリカ人はことが関税に関わると異常にナーバスになるのです。

日本の満州国建国に対しても、アメリカがまず抗議したのは、日本が満州の市場を独占して、自由貿易ができないことでした。他国を侵略して傀儡《かいらい》政権を建てたことを倫理的に批判したわけじゃない。それは自分たちもフィリピンでやっていますから。そうじゃなくて、関税障壁を作って、アメリカの商品を満州市場に入れないのはけしからんと言って強く抗議したんです。大陸の市場をオープンにして、平等に「食い物」にすればいいのに、どうして日本だけが独占するのか、それを怒っているわけです。

自由貿易というのは、アメリカ建国のときの旗印ですから、多分、国是のようなものなのだと思います。これだけは譲れないという信念です。だから、自由貿易、関税障壁の廃止、市場開放を執拗に主張する。それによってアメリカの産業が利益を得るからということに限られないんです。メリットがあるかないかじゃなくて、関税障壁はそれ自体が悪であり、市場の閉鎖はそれ自体が悪であるという信憑《しんぴょう》がアメリカの立国の原点を形成している。

だから、ＴＰＰもゴリ押しする。アメリカ国内には「そんなことをしたら、アメリカの国内産業にダメージがあるから、止めてくれ」という声だってある。現に、大統領選の候補者は今のところ全員がＴＰＰ反対ですよね。でも、国是としてはそんなの関係ない。自由貿易は区々たる国内産業の利益を超える理念だからです。アメリカの病気なのです。

でも、アメリカは超覇権国家なので、自分の病気を「健全さの世界標準」として他国に押し付けることができる。そして、そういうアメリカの病的妄想を本気で「世界標準」だと信じ込んで、それに追随する属国の政治家たちもいる。

姜　そう考えると、我々が今まで近代革命の元祖みたいな形で礼賛していた、フランスとアメリカの隠蔽されていた病が表面化し、と同時に今までやってきたことのツケが回って来ている感じですかね。

内田　そうです。自分たちの国がどういう原理原則に基づいて作られてきたか、それがきちんと言葉にされていない。どこの国でも、建国の礎にあるのはそんなすっきりした理念じゃなくて、もっとどろどろした幻想なのです。そういう激しい情念やルサンチマンがないと、国を建てるというような大事業はできませんから。でも、そういう「どろどろ」の部分を隠蔽して、ご立派な理念に基づいて国ができたという話にしてある。だから、自分たちの国家行動がどういう動機に基づいているのかを、しばしば国民も指導者も自覚していない。だから、次々と「思いがけないトラブル」に遭遇することにもなる。

姜　普通、社会学では再帰性といって、一度自己反省しながら新しいバージョンに行くと思うんですけど、その機能が働かないまま百年、二百年が経ってしまった。両国の共通点はそこにありそうですね。

内田　アメリカの場合は、自分たちの国がネイティブ・アメリカンを虐殺し、その土地を奪ってできたものだという建国時点での「原罪」を認めて、それについて国民的規模で謝罪するということをしないと病気は治らないと思いますね。
フランスもそうです。反ユダヤ主義もファシズムもフランスが発祥の地なんです。近代市民社会の理念の発祥の地であると同時に、そういう凶悪な政治的イデオロギーの培養地でもあった。そのことを認めるべきなのです。フランスにはいいところもあるけれど、ひどいことも散々した、と。その歴史的事実を平明に認めればいいのです。自分たちが病んでいるということを認めない限り、治療は始まらないんですから。
病識さえあれば、ではどうやって治療しようかという具体的な話になる。でも、「俺たちは健康だ」と言い張っている限り、治療は始まらない。フランスもアメリカも自分たちが罹患《りかん》しているる病気から目を背けている。それが、彼らが様々な問題に遭遇しながら解決の糸口を見出せないでいることの原因だと思います。
姜　逆に言うと、特にアメリカはそうですが、自分たちは治癒させる側のお医者さんじゃないかと思っている。自分たちが正義だという思い込みは、建国以来ハンパじゃないですから。
内田　入院患者が病院の医師をやっているようなものです。
姜　それゆえにテロリストたちのターゲットにされる。他者からのほうが病にかかっている人間はよく見えますからね。

液状化する国民国家――歴史の流れは止められない

姜 アメリカとフランスの右傾化が顕著になって、テロが頻発しているのは、国民国家の液状化の始まりだということですが、僕もその見方は正しいと思います。となると、国が個別に政策を打ち出すといった対症療法ではもう解決できない状況に来ていますよね。

内田 そうですね。結局、国民国家が液状化しているときに、とるべき政策を一国レベルで出してもしようがない。一国レベルでいくら適切な政策を展開しても、歴史の流れは止められない。だから、「液状化」と言っているわけです。「こういうときに日本はどうしたらいいんでしょうか」と問われても、僕に答えはないです。日本一国がどうしたらいいかという問題の立て方そのものがもう機能しなくなっているのですから。

けれど、この国民国家の液状化の流れは、ある種の復元力・補正力の働きじゃないかという気もしているのです。二十世紀という世紀がむしろ例外的な、特殊な百年間なのであって、実際には十九世紀末ぐらいの状態が安定的な世界秩序の形だったんじゃないかという気もする。二十世紀の百年分の変化をいったんリセットして、十九世紀末くらいまで戻してみて、そこからやりなおしてみたらどうか、と。そういう歴史的な復元力が働いているように思えるのです。こういう歴史的な復元力というのは、人間がイニシアチブを取れるものじゃない。個々の人間の賢愚とは無関係に、いわば集合的な無意識のレベルで進行している。

何千万何億という数の人々を巻き込んで進行している流れなので、その途中に国境を設けてみても、法律を変えてみても、一国レベルの政策でこれに対応するというのは……。

姜　意味がない。

内田　ええ。大きな流れ自体は止めようがない。一国単位でできることは、その流れを見極めて、その中でできるだけ被害が少なくなるようにすることくらいじゃないですか。流れ自体はもう止められないんですから。できることは、その流れの中で、国民が難民化したり、戦争やテロが起きたりしないように、予防的にふるまうことだけです。最悪の事態を回避するために、実践的な知恵を絞る。それくらいしかできることはないと思います。世界中の二百いくつかの国民国家それぞれが、それぞれの実状に即応して、「最悪の事態を回避する手立て」を考える。

難民は「グローバル化」の帰結

姜　その結節点を考えると、間違いなく、国民国家が液状化していることを我々に突き付けたのは難民です。よく考えれば、近代国家が誕生するときから難民というのは出ていたはずですけど、昨今は各国共通の重大な問題としてクローズアップされてきた。ヨーロッパを中心に押し寄せる難民の押し付け合いが始まり、テロの標的となったフランスでは特に難民や移民を拒絶する動きが強まっているという状況です。

内田　いや、難民を拒絶できるわけがないです。だって、難民って、そもそも欧米が主導したグローバル化の帰結ですからね。

姜　僕もそう思います。冷戦が崩壊して以降、一気に加速されたグローバリゼーションによって、国家の退場はとっくに始まっていたんですよ。グローバリズムが台頭して国家が退場するということは、国家がやっていた再分配の働きが機能しなくなるということですからね。その市場原理からはじかれて地べたに叩きつけられた貧困層を救う受け皿がないわけです。そういう人たちが世界中にあふれかえって、移民、難民になっている。テロを仕掛けているグループは、そういう世界にノーを突き付けているわけだから、その戦闘で家を壊され土地を奪われ、難民になってヨーロッパに流れ込んでいる問題の元凶は、グローバリズムが作ったということになります。

内田　グローバル化の進行に伴って国境線がなくなり、通貨、言語、度量衡、法律、価値観が同一化されて、資本も情報も商品も人間も、クロスボーダーで自由に動き回るようになった。難民もそのプロセスで発生してきた。当たり前のことなのです。欧米が暴力的に干渉して、資源や利権を奪い合ったせいで中東の破綻国家が出現した。自分たちで国家秩序の基礎を破壊しておいて、難民が生じたら「こっちへ来るな」と言っても、それはことの筋目が通りませんよ。人間は自己利益を最大化するためにクロスボーダーで行動すべきだという価値観を一方では掲げておいて、難民たちに向かっては、「おまえらはボーダーを越えるな」というのはダブルスタンダードです。

姜　アクセルとブレーキを一緒に踏むようなものです。

内田　グローバル化によって生じた難民を本気で排除しようとしたら、国民国家の閉鎖性をもう一回再構築するしかない。ＥＵの場合だったら、国境検査の撤廃を定めたシェンゲン協定を撤回するしかない。もう一度、国境でのパスポートコントロールを強化する。国ごとに言語を変える、通貨を変える、度量衡を変える、法律を変える、生活スタイルを変える。そうすれば、国民国家のアイデンティティは保たれる。

姜　でもグローバル資本が世界を動いている間は、それは無理ですよ。

内田　そこはグローバル資本主義のプレイヤーたちは実に巧妙にやっている。だから、ダブルスタンダードなのです。金のあるやつにはクロスボーダーな運動を許す。ビジネスチャンスを求めて移動することは人権として認められる。移民でも、フランスにおける五〇年代のマグレブからの移民や、六〇年代ドイツに来たトルコからの移民のように、労働力が足りないときには移民をどんどん入れる。でも、人手が足りたら、あるいは経済成長が止まったら、雇用がなくなったら、もう要らない。国へ帰れ、という話になる。国境を越すことは「金儲《もう》けになる話」ならオッケー、そうじゃないならダメというダブルスタンダードを使い分けているわけです。

でも根本には、国民国家の国境はもう機能しないほうがいい、させないほうがいいというのは世界的な合意ですね。その代表的なのが自民党の憲法草案です。

姜　ええ、そうですね。戦前への回帰というだけでなく、他方で本来ならそうした回帰願望とは矛盾するはずの、新自由主義礼賛の面があるんですね。

改憲草案に見る新自由主義礼賛

内田　自民党改憲草案は、日本国憲法が定めた基本的人権のほとんどを全部制約しようとしている。ご承知の通り、「公共の福祉に反しない限り」という日本国憲法の規定を、「公益及び公の秩序に反しない限り」と書き換えて、国民の私権を時の政府が恣意的に制約できるようにしている。ところが、一箇所だけ、その私権の制約が解除されている条文があるんです。二十二条です。

二十二条というのは「居住・移転の自由と職業の自由」に関わる条項です。この箇所、日本国憲法ではこうなっています。「何人も、公共の福祉に反しない限り、居住、移転及び職業選択の自由を有する」、第二項は「何人も、外国に移住し、又は国籍を離脱する自由を侵されない」

ご覧の通り、居住・移転・職業選択の自由について、日本国憲法は「公共の福祉に反しない限り」という市民的自由の限定を行っている。でも、自民党の改憲草案にはこの制限がないんです。不思議でしょ。「公共の福祉」をシステマティックに「公益及び公の秩序」に書き換えているのに、ここだけはそれをしていない。つまり、何の制約も課していないんです。「何人も、居住・移転及び職業選択の自由を有する」になっている。

姜　すごい発見ですね(笑)。まさにグローバル国家へ躍進するための憲法草案だ。

内田　極右政党が起案した憲法なのに、海外に移住したり、海外でビジネスをしたり、自己利益のために日本国の国籍を離脱することについては、いくらやっても構いませんよ、と。これは論理的にはあり得ない条項ですよね。だから、自民党という政党はもうナショナリスト政党ではないということがここからわかる。これはおっしゃる通り、まさにグローバリストのための憲法なわけです。自己利益のために国民国家の国境線を越えて活動し、自己利益のために日本国籍を捨てる人間の活動はどんな場合でも「公益及び公の秩序」の保持よりも優先的に配慮されなければならない、と。そう書いてあるんですから。本当にわかりやすい人たちですよね。

日本の極右政権は、日本国憲法の定める立憲デモクラシーの共和制的な縛りは捨てたい。行政府に完全なフリーハンドを与えたいと願っている。でも、それはグローバル資本主義に最適化した、ビジネスのしやすい国を作るためにそうしたいわけです。独裁制は彼らの最終目的じゃない。目的への迂回《うかい》的手段なのです。グローバル化して国民国家を解体するためには、過渡的に独裁制を通過するしかない。立憲デモクラシーが機能している限り、「国民国家を解体するな。俺たちはこの国の内側で暮らしたい。日本語が公用語である国で暮らしたい。日本的な価値観を共有できる人たちと暮らしたい」という人たちがぞろぞろ出て来る。だから、極右ナショナリストのような顔をして、そういう人たちの「日本で暮らしたい」というプリミティブな郷土愛を利用して、まず独裁制に移行する。その後日本をグローバル資本主義の「草刈り場」にする。そういう図面を描いているわけです。

姜　日本もグローバル化に向かってアクセルをどんどん踏んでいるのに、難民はダメとブレーキを踏んでいるわけでしょう。国民の貧困層へのセーフティネットもますます危うくなるばかりだし、要はグローバル化の負の部分は引き受けませんよと言っている。都合のいい話です。

内田　グローバル資本主義が進行していく限り、人間がクロスボーダーで移動することは止められない。止めようとしたら、また昔に戻して、グローバル経済を止めて、国民経済を経済政策の柱にするしかない。悪いけど全部関税をかけるよ、国境線ではうるさくパスポートコントロールをするよ、言語も通貨も度量衡も法律も他の国とは変えるから、国境を越えてきたら暮らしにくいよ、と。そういうタイプの国民国家的な障壁をもう一回再構築するしかない。そうしない限り、難民の世界的移動という趨勢《すうせい》は止められない。

姜　今のグローバル化された世界というのは、完全に分裂していることを同時にやっているようなものですよね。

内田　そうです、右手で難民を作り出しながら、左手で難民を押し戻している。経済がグローバル化すれば国境を越える移民・難民が大量発生するなんて当然予測されていたはずです。戦争やテロだけじゃありません。パンデミックとか、国家財政の破綻とか、いくらでも大量の国民移動は起こり得る。グローバル化というのは、いわば潜水艦の遮蔽壁を取り去ったようなものです。壁がなくなったので、中での行き来は自由になった。でも、壁がなくなったので、どこかで浸水したら、潜水艦全体に浸水してしまう。

第二章

我々は今、疑似戦時体制を生きている

旧ソビエト連邦で開発された自動小銃AK-47。
制作者の名前にちなみ「カラシニコフ」とも

日常生活の中に忽然《こつぜん》と出現する「戦争」＝テロリズム

姜　今までお話ししてきたように、グローバリゼーションの大きな流れを司令塔として制御できる超大国のヘゲモニーは、確実になくなりつつあります。今や世界は、ある種のカオスみたいな状況になっている。それを軍事的になんとかしようと悪あがきをしているようにしか思えません。

内田　いや、本音のところでは、軍事的になんとかなるとは思っていないでしょう。

姜　思っていない？

内田　空爆だとかなんだといっても、あれは象徴的に何かやらないと格好がつかないからポーズとしてやっているだけで。敵はゲリラですからね。都市を爆撃したって、みんなその前に地下に潜るか逃げるかして、死ぬのは非戦闘員の市民だけです。そんなことは爆撃する側だってわかっている。でも、何もしないわけにゆかないから、仕方なくやっている。

姜　ええ、その意味で僕は、近代における戦争の概念自体が非常に大きく変わりつつあると思っているのです。これからの戦争は、無条件降伏とか降伏文書を交換し合うなんていうことは、もうあり得ないですよね。

内田 そうですね。もう、これからはないですね。

姜 戦争のカテゴリーの変化をシンボリックに言うと、カラシニコフ（ソ連時代に開発され世界的に流通した安価な自動小銃）vs.核抑止力という感じではないかと思っている。核というのは確かに「超破壊的な」武器だけれど、使ったら終わりだからそう簡単には使えない。張り子の虎であることによって抑止力が働く。つまり、使わないことを前提に成り立っている国際政治の力学なわけですよね。でも昨今のテロを見ると、カラシニコフが一丁あるだけで、自分が死ぬつもりであれば、大変なことができるということを我々はわかったわけです。

戦争テクノロジーからすると、ローテクもローテク、非常にプリミティブな武器がいわば核抑止力を上回る力を持ち得ている。そんな力にどう対抗したらいいのか。ジハードで自分が死ぬことを前提にしている人たちを、果たして殲滅《せんめつ》するなんていうことができるのだろうか。今は空爆をやって、特殊部隊も投入して、とにかく彼らを追い詰めて殲滅すると公言はしているけれど、これは難しいだろうと思う。

歴史的なところから言えば、十七世紀ぐらいから様々な国が陸上戦を戦って、国民国家のシステムができ上がっていく過程で、戦争法規も作られました。地上軍の正規軍同士が戦って、戦えば必ずどちらかが降伏して、その時点で降伏文書を交わし、戦争法規に従って捕虜の扱いや敗戦国の民間人の処遇を取り決めてきたわけです。

ところが現代の戦争になると、戦争の場が陸上だけでなく、海に広がり、空に広がっていくことで、戦争を規律していく一つの掟《おきて》みたいなものが非常に曖昧になっていく。民間人を全部殺戮してもいいという殲滅の概念が前面に出て来る。日中戦争での重慶爆撃がそうだし、東京大空襲、ドイツのドレスデン爆撃も無差別攻撃です。正規の軍隊と民間人との区別がなくなってくるわけです。

その流れでいえば、今、誤爆と言っていますが、この表現はあり得ないんですね。つまり空まで戦争が広がっていった時点で民間人と正規軍との区別をなくしているのだから、今の空爆は確実に民間人を殺しているということが前提で成り立っている。特にイラク戦争のときはそうだったと思います。この戦争では一応空爆メインで、こちら側の戦闘員をできる限りミニマムにして、向こう側も一般市民を巻き込まないでという前提だったわけですけれど、多分二十万人ぐらいは亡くなっているんじゃないかと言われています。そういう戦争形態が定常化しつつある今、戦場で行われていることが、いわばブーメランのように、テロという形で私たちの日常生活の中に戻って来ているような気がするのです。

これまでの戦争概念にあった、銃後と戦場で分けていたその国境の論理が崩れて、僕たちがどこかにある戦場をテレビで見ている、そのテレビから突然として銃弾が飛んでくるような感覚で、日常生活に戦場の光景があらわれてくる。それが、今我々が置かれている状況です。

日常でコンサートや観劇を楽しんでいる最中に、いきなり銃で乱射されたり、自爆テロを起こされたりしたら、我々はもうなすすべがないわけです。戦争というのはどこか国境の向こう側に封じ込められていて、そこに戦闘員が出かけていってドンパチやるものだと思っていたけれど、もうそうじゃない。アフガンやイラクで起きていることがブーメランのようにニューヨークに来た。そして、市民が平穏に暮らしているパリやロンドン、あるいは東京の繁華街に忽然として戦場が立ちあらわれてくる。

こんなことは今まであり得なかったけれど、しかし、そんなにぶったまげるほどのことなのだろうかということを、9・11のときに書いたら、けっこう批判されました。

内田 そうなんですか。

姜 でも、この流れはある意味必然のような気がしているのです。国民国家が掲げる人権にしたって、ある意味で、どこの国で生まれたかによって価値が違うわけでしょう。そういう世界の中で、遠い世界の出来事だと思っていたことがテロを通じて我々の中に舞い込んできた。そういう意味で、この戦争は終わらないのではないかという気がして仕方がないんです。ジョージ・オーウェルの『一九八四年』じゃないけど、「戦争は平和」という永久に戦争を続ける世界が、本格的に来そうな状況なのかなと僕自身は思っているんです。その意味で、言葉の真の意味で「世界〝最終〟戦争」の時代が到来したのかもしれませんね。

戦争を「原理」ではなく「数」としてとらえる

内田　なるほど。先日、中田考先生と対談して、非常に興味深い話を伺いました（『週刊プレイボーイ』二〇一六年一月四・十一日号）。中田先生はまず、戦争とテロは「原理の問題」なのかそれとも「程度の問題」なのかという問いを投げてきた。戦争というと僕らはどうしても「戦争か平和か」という「原理の問題」として考えますが、中田先生はむしろ「程度の問題」としてとらえようとしている。確かにパリのテロでは百人以上の市民が死にましたけれど、それはそんなに驚くべきことなのか。現に、日本では年間の自殺者が二万四千人です。一日六十五人近くが自殺している。アメリカでは毎日百人近くが銃で自殺したり撃たれて死んでいる。多くは家族や恋人によって撃たれているのです。それだけの数の人たちが何年も、毎日、命を絶ったり、絶たれている。こういう構造的な暴力を生み出す社会こそ「テロ社会」じゃないか、と。

姜　はい。まあ現実にはそうですね。

内田　戦争やテロというと、僕らは日常を越えたスケールの破壊をイメージしますけれど、百人規模の被害者が単発で発生するテロと、何百人もの死者が何年もの間、連日出るような内戦や、何百万人もの死者が出る世界大戦とを同じ「戦争」というカテゴリーで括《くく》ってしまうのは、果たして適切なのか考え込んでしまいました。

史料によると、真珠湾攻撃のときの日本海軍の戦死者はわずか六十四名なんです。そのときのアメリカ側の死者は二千四百人。一九四二年、帝国海軍が壊滅的な被害を受けて、海軍が戦闘能力を失ったミッドウェー沖海戦で死んだ日本軍の兵士は三千人です。戦局の帰趨《きすう》を決した戦闘ですから、大変な数の死傷者が出たんだろうと僕は思っていた。

でも、数としてみると、三千人「に過ぎない」わけですよ。だって、あの戦争で最終的に日本人は三百万人死んでいるのですから。兵士の場合は、ほとんどが餓死戦病死です。国内の非戦闘員はほとんどが空襲によって焼かれて死んだ。原爆では広島と長崎で二十万の市民が死んだ。そういう数字を見比べて見ると、真珠湾攻撃と原爆投下を同じ「戦争」の中の二つのエピソードと括って論じるのはなんだか不合理じゃないかという気が僕にはするんです。

戦争はおそらくある時点で「制御不能」になる。それまではクラウゼヴィッツ（『戦争論』で知られるプロイセン王国の軍人、軍事学者）が言ったように「外交の延長」として操作できるのかもしれません。でも、負けが込んでくると、ある時点で、戦争指導部は理性を失ってしまう。そして、もう組織的反攻ができなくて、続ければ続けるほど死傷者が出るだけということになっても、戦争を止められなくなる。本当の戦争の悲惨さというのは、この「交戦の当事者の一方が負けているうちに戦争を制御できなくなって、結果的に自国民の虐殺に同意する」という点にあるんじゃないかと思うんです。

死者六十四人と死者三百万人は原理的に言えば、「たかだか程度の問題」ですけれど、僕は「たかだか程度の問題」だとは思わない。そこには本質的な違いがあると思う。

戦争をどう抑止するかという議論は、中田先生が言われる通り、「戦争というもの」をどうやって廃絶するかという総称的な「原理の問題」ではなく、もっとクールでプラグマティックな「戦争は廃絶できないが、いかに死者の数を減らすか工夫することはできる」という「程度の問題」にシフトすべきではないかという気がしてきたのです。そのほうが理にかなっているんじゃないか。戦争は根絶できない。テロも根絶できない。それで虚無的になるべきではない。それならそれで、じゃあ戦死者の数、テロリストによって殺される市民の数をどうやって抑制してゆけるのか、それを技術的・計量的に考えるほうが合理的なんじゃないか、と。

戦争をこの世からなくすとか、この世からテロをなくすというと、そのためには必ず「この世から戦争をなくすための最終戦争」が起案されることになる。確かに、ＩＳを壊滅させようと思ったら、シリアとイラクに原爆を落とせばいいわけですから。

姜　極端な話、そうです。

内田　非戦闘員含めて一千万人ぐらいの人が死ぬけれど、そうすれば一時的にはＩＳの活動を停止させることができるでしょう。でも、テロリストたちは地下に潜って四散するだけです。そして、そこで虐殺された一千万人の人たちの怨念を引き受けた人たちがその後、何百万人単位で出現してくる。彼らはＩＳとは違う組織を形成して、一千万の死者の恨みを晴らすために原爆を落とした国を相手に世界的な規模でエンドレスのテロを展開するでしょう。「戦争を根絶するための最終戦争」などというものは、この世に人間が生きている限りあり得ないんです。

だから、原理と原理が衝突して、お互いに相手の原理を許容できないという非妥協的な対立場面では、とりあえず死者があまり出ない方法を考える。どちらに理があるのかという原理の問題ではなくて、どうすれば死傷者が少なくなるか、どうすれば家を失ったり、仕事を失ったりする人が少なくなるか、どうすれば難民の発生が抑制されるのか、そのことをまず考えたほうがいいと思うのです。

姜　つまり、カラシニコフをぶっ放されても、自爆テロをやられても、できるだけ犠牲者の出ない戦場を維持していくという……。しかし、日常の中にいきなり戦場が出現するという状況が世界中に四散していけば、みんなパニックになって、どうしていいかわからない状態になるでしょう。

内田　自分の命と引き替えでもいいから、死者の恨みを晴らしたいという人ができるだけ出てこないようにする。自分一人の命と引き替えにして、百人殺したいというような恨みの強さを緩和する。それくらいのことでも、程度の問題としては死者数を抑制できる。恨みのレベル、怒りのレベルを相対的に低めるぐらいのことしかできないかもしれないけれど。

我々は今、疑似戦時体制を生きている

姜　じゃ内田さん、その意味で我々は今、疑似戦時体制を生きているということですね。

内田　ええ、世界中が準戦時体制にあると思っています。

姜　準戦時体制を生きることの恐ろしさは、もしかして自分がいつでもテロや殺戮に遭遇する

かもしれないという蓋然性があるから怖いわけですね。数としては自殺者と同じ百人かもしれないけれど、自分がいつか巻き込まれて殺されるかもしれないというのは恐怖です。自分たちの日常が準戦時ということになれば、生き方論としてはどうなりますかね。

内田　僕たちは戦後七十年間しか経験していませんが、その前の一九四五年以前の日本人は、生まれてからずっと準戦時体制というか、戦時体制そのものの中で生きていたわけですよね。幕末から後はずっと、日本は常に国が滅びるかどうかという瀬戸際にいたし、十年おきに戦争をしていた。この七十年間まったく戦争がなかったということがむしろ異常なんだと思います。アメリカでも、フランスでも、中国でも、他の国は常に準戦時体制ですからね。日本だけですよ、準戦時体制を免れてきたのは。

でも、これはまさに日本国憲法のおかげなんですよ。この平和は、世界で唯一日本だけが享受している巨大な特権なのです。これを今、日本国民は民主的な合意の上に破棄しようとしている。世界的な準戦時体制の中で、日本だけが浮き島のようなパラダイスだったのに、進んで戦争の中に入って行こうとしている。狂気の沙汰としか言いようがないです。

姜　僕もそう思いますが、一方で、戦後も後背地があったからそれができたんじゃないかと思うのです。沖縄もある種の日本の後背地で、そこにほとんどの基地を預けることができた。しかし今、沖縄の基地への反発が大きくなり、独立論も出て来ているのは、沖縄が日本の後背地の役割はもう引き受けません、本土のあなたたちが後背地の役割を引き受けて欲しいということだと思うんです。そこでどちらに行くのかという分岐点に立たされている。その中で憲法を変えて、軍事力を強くして、場合によっては徴兵制も敷いてやりましょうという、正気とは思えないことを平気でやろうとする人たちがいて、そのほうがいいという流れが現実にある。

内田さんの言うように、世界で唯一日本が持っていた特権を手放すのは僕も間違っていると思う。けれど、日本は安保法案を確立させ、すすんで戦時体制をも厭《いと》わない方向に進みつつある。そこはどう考えますか。

肝に銘じることは「金より命が大事」

内田　一番大事なのは、「金より命が大事」っていう常識を思い出すことだと思います。日本を戦争ができる国にしようとしている政治家たちの一部は極右イデオロギーでそうしているわけですけれど、彼らを支持しているビジネスマンたちは金儲けのチャンスを求めているだけですから。

姜　そう、軍需産業はものすごく儲かるビジネスですよ。

内田　戦争は最後のビジネスチャンスだと思っている。日本の場合、久しく自動車産業が国内産業全体を牽引《けんいん》してきました。自動車産業に、石油も製鉄もガラスもゴムもプラスチックもコンピュータもゼネコンも、みんなぶら下がっていた。あらゆる産業が自動車産業と一蓮托生《いちれんたくしょう》状態だった。それが今、限界に来た。もう自動車輸出で日本経済を回すことはできそうもない。それに代わるものを探して、兵器産業に飛びついた。自動車産業と兵器産業は「ぶら下がっている国内産業」がほとんど一緒ですからね。兵器産業が日本の基幹産業になれば、日本に存在するすべての製造業はこれからは兵器産業に寄生して、食っていける。

兵器というのは理想の商品なのです。普通の商品は市場に一定数が投下されると、市場が飽和してしまう。十分に行き渡れば、もう要らないということになる。でも、兵器は違います。ニーズが無限なのです。兵器は市場に投下されればされるほどニーズが増える。だって、兵器の主務は他の兵器を破壊することだからです。自動車は町を走っていて競合他社の自動車を破壊するということはできません。でも、兵器は競合他社製品どころか、自社製品であっても見境なく破壊する。それが商品としての存在理由なんですから。

兵器は市場が絶対に飽和しない夢の商品なのです。だから、資本主義が成長の限界に達したときに、製造業者たちが兵器産業にすがりつくようになるのは経済合理性から考えたら当然の結論なのです。

そして、兵器へのニーズが増大するためには、とにかく世界中で戦争が起きていることが必要になる。だから、ビジネスマンたちは戦争を希望する。戦争を歓迎するし、必要とあらば、自分で戦争を始めてもいいと思っている。そういう人たちが「戦争ができる国」になりたいという安倍首相を支持している。

彼らは「命より金」なんです。要するに金が欲しいんです。経済成長論者は論理の必然としていずれ成長産業は兵器産業しかない、そのためには世界各地で戦争をしてもらわないと困ると思い始める。自分たちの住むところではあまり起きて欲しくないけど、戦争が世界のどこかで恒常的に起き続けて欲しいというのは、今の日本のビジネスマンたちの本音じゃないですか。

姜　僕もまったく同感です。韓国もちょっと困った国ですが、あそこはこの十年ぐらいで武器輸出が十倍に増えているんです。だから今、軍事技術で見ると世界で九番ぐらい。トップはアメリカでしょう。日本は五番目か六番目ぐらいかな。イスラエルがけっこう高くて、あとイギリス、ドイツ、フランス、ロシア。中国はこの中に入ってないと文句をつけていましたが、どの国も兵器産業に目をつけていますよ。

内田　考えることは同じです。

姜　僕たちが大学時代に学んだ資本主義の定義というのは、ウェーバーの指摘するような戦争寄生的な資本主義ではなく、大塚久雄（経済史学者）が言うような市民的モラル、労働倫理に裏付けられた自生的な資本主義だったわけですが、あれは資本主義の中でごく一時期の話だったんでしょうか。結局、資本主義というのは、平和であろうが戦争であろうが、利潤率を高めるためにはどこでも行く。人が死のうと知ったこっちゃない。兵器産業はまさにその象徴ですね。

内田　そうだと思います。ただもう成長の余地がないのです。だから、壊すしかない。人間が住んでいるところを破壊すれば、そこに新しい需要が生まれる。人間が生きてゆくためには社会的なインフラが要りますから。戦争で都市が破壊されて、生活を再建しようとしたら、またもう一回道路を作り、上下水道を通し、電気、ガスのライフラインを立ち上げ、学校を建て、病院を建て、住宅を建てるしかない。これがすべて巨大な需要を生み出す。「生きるためになくてはならないもの」は定義上、どんなことをしても、命を削っても、未来を担保に入れても、手に入れるしかないからです。だから、「生きるためになくてはならないもの」を選択的に破壊している限り、経済成長は終わらない。

ストックは破壊されますよ。でも、フローは潤沢に流れる。地球環境はどんどん汚染され、貧しくなってゆくけれど、商品や資本の流動性は高まる。経済成長論者たちだって、そういうメカニズムだということはわかっているはずです。経済成長するためには戦争するしかない。それは経済成長率の高い国のリストを見ればわかります。二〇一二年の成長率世界一はリビアです。カダフィ暗殺後の内戦状態のリビアがその年の世界一。二〇一三年は南スーダン、二〇一四年はエチオピアです。成長率上位国はほぼ例外なしに内戦、テロ、クーデタの渦中にある。そういう国では社会的インフラが恒常的に破壊されて、恒常的に再建されている。だから、ストックが破壊されるごとに経済成長率が跳ね上がる。

でも、経済成長論者のうちに、この世界ランキングリストを掲げて成長の必要を説く人は一人もいません。見れば一目瞭然《りょうぜん》だからです。成長したかったら戦争するしかない。自国を戦場にするしかない。国は破壊され、人は死に、国民資源は致命的な損害を受けるけれど、それでも単年度の経済成長率は高まる。生きるために必要なものを破壊することによって、生きるために必要なものを手に入れる活動を加速させる。それがどれくらい愚かしいことか、まともな知性が働いていればわかるはずですけれど、それがわからない。あるいはわからないふりをしている。

もともと経済活動というのは、人間的成熟を支援するための装置として発明されたはずのものなのです。「交換」を通じて人間は他者との出会いの技術を開発していった。「交換」は人間の成熟のためのものなのです。人間をより幸福なものにするための制度なのです。ですから、経済活動のために人間が苦しみ、人間が死ぬというのは、経済の本義に悖《もと》ることなのです。

姜　だからブラック企業が、当然のように「死ぬまで働け」って言うのですね。すごいですね、人が死んでも、儲かればいいと堂々と社員に言えちゃうオーナーって。しかし、それこそが今の資本主義の神髄なのですね。

内田　そういう連中に向かって、「あなた、頭狂ってるよ」とはっきり告げることが必要だと思います。

姜　明らかに倒錯していますよね。

内田　倒錯しています。だからこそ「金よりも命が大事」という当たり前のことをあらためて肝に銘じなければいけない。金が増えることよりも、生きていられることのほうが大事なんです。当たり前じゃないですか。戦争もテロもなくて、貧しくてもとりあえず安心して暮らせる世界のほうが、戦争やテロが頻発するけれどビジネスチャンスがある世界よりも住みやすいに決まっている。でも、それがわからない人がいる。いるどころかそちらのほうが、数が多いんじゃないですか。

第三章
帝国再編とコミューン型共同体の活性化

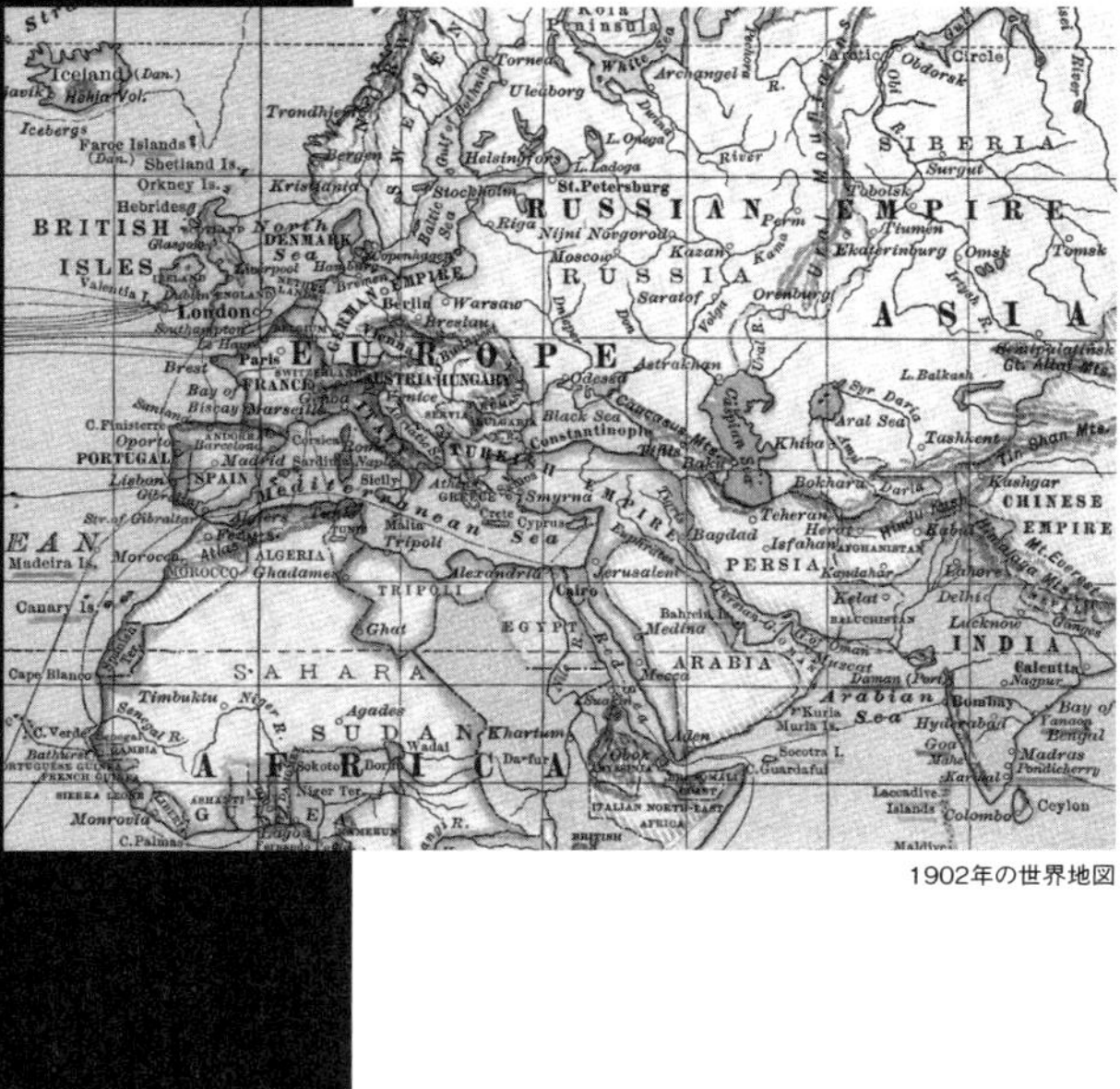

1902年の世界地図

国民国家が解体し、世界は帝国化する!?

姜　先ほど、今起きていることは、国民国家の液状化の始まりだとおっしゃいましたが、内田さんは、国民国家が液状化して消えた後、どういう世界が来ると予測しますか。

内田　中田先生の予想では、帝国への分割という形になるんじゃないかということでした。

姜　ああ、まさに中東で起きていることはそうですね。

内田　ええ、今、中東で起きていることは「オスマン帝国への回帰」という風にも見ることができると思います。オスマン帝国がサイクス＝ピコ協定で解体して、いくつかの国民国家に分割されたけれど、それが百年たって軒並み破綻国家になってしまった。この地域の秩序をもう一度再構築しようとしたら、今よりはガバナンスが効いていた過去の仕組みを参照するしかない。だから、中田先生はカリフ制再興（スンナ派において「代理人」「後継者」を意味する、政治・宗教・軍事における指導者「カリフ」によるガバナンスを回復しようとする思想、運動）を主張しているわけです。

この動きがどこから始まるのか、予測は難しいんですけれど、中田先生はシルクロードに注目していました。新疆《しんきょう》ウイグルから、カザフスタン、トルクメニスタン、アゼルバイジャンと続くあのエリアは、今中国が「一帯一路（One Belt, One Road）」構想を打ち上げていますけれど、それはスンナ派のトルコ系住民の居住するエリアなのです。シルクロードというのは西域からイスタンブールまでトルコ系の「スンナ派回廊」で、実は人種的にも宗教的にも一続きなのです。

それが細かい行政区分で切り分けられているから、僕たちはそれが一つのまとまりだと気付きませんけれど、遊牧民のコスモロジーからすれば、「一帯一路」はまさに「ひとまとまり」なんです。このトルコ系スンナ派回廊がそのまま延長すれば、中近東、マグレブにつながる。今起きつつある国民国家融解現象の様々な出来事はこの「ライン」の上で起きている。

文明史的なトレンドを大づかみに見ると、この地域の人為的な国境線はいずれ消滅して、代わって巨大なイスラーム圏が形成されるという可能性がある。どういう政体になるかわかりませんけれど、オスマン帝国の版図が回復される方向にじわじわと動いているような感じが僕にはします。

もちろん、シーア派イランはこのスンナ派ベルトができることを警戒していますから、アメリカ、ロシア、中国と連携して、これを抑制する動きに出るでしょう。そういう流れというのは、国民国家がそれぞれ自国の国益を追求して他の国民国家と戦ったり同盟したりするという旧来の「一国主義的」な国際関係理解では読み取れない。

姜　国民国家の解体は全世界的に起きつつある。すると、いろんなところで帝国復活が始まる、いやもう始まっているというわけですね。

内田　ええ。国民国家が液状化すれば、当然新たな秩序が形成される。国民国家の求心力が衰微すれば、人為的国境を越えて、宗教や言語や生活文化を共有する下位集団が横につながってゆく。その結果、いくつかの「帝国圏」ができる。

プーチン「皇帝」が率いるロシア帝国、習近平「皇帝」が率いる中華帝国、「カリフ」が率いるオスマン帝国、ペルシア帝国、ムガール帝国……。ヨーロッパは神聖ローマ帝国の形に落ち着くかも知れません。もしドイツがその新たな帝国の盟主となるのであれば、これがドイツ「第四帝国」になる。そして、新世界では、ゆっくり凋落《ちょうらく》の道をたどるアメリカ帝国がある、と。そういう風にいくつかの「帝国圏」に分かれる。これはサミュエル・ハンチントンの『文明の衝突』やローレンス・トーブの『3つの原理』での主張とも重なりますけれど、こういう直感的な「大風呂敷話」の下す予測はなかなか侮れないです。

姜　今のグローバル資本主義との対抗軸として帝国化が進むということですか。

帝国再編のコスモロジーと宗教

内田　グローバル化ではなく、「帝国化」です。言語も違い、宗教も違い、価値観も、美意識も、コスモロジーも違う、いくつかの帝国圏が、それぞれ自分たちの文化の卓越性や普遍性を要求しないままに共存するというスタイルです。

姜　かつてでいうと、ある種のブロック経済みたいになるのでしょうか。

内田　ブロック経済という場合は、誰か設計者がいるわけですけれど、そのような構築的なものではなくて、もっと自然発生的な、文明史的分割なのではないかと思います。

今、「グローバル化」と呼ばれている趨勢は現実にはアメリカが主導しているものですよね。英語が公用語で、キリスト教が「国教」で、金を持っている人間が一番偉いという価値観が共有されているけれど、これは、規模は大きくても、所詮はアメリカ・ローカルの民族誌的偏見を量的に拡大したものに過ぎません。でも、それで世界を覆い尽くそうとした。そうすれば「歴史の終わり」が来ると思っていた。でも、「歴史の終わり」は来なかった。アメリカ・ローカルの民族誌的偏見ではやっぱり世界は覆い尽くせなかった。そういうことだと思います。アメリカン・グローバリズムがイスラーム共同体に衝突してしまったからです。

イスラーム共同体のほうがグローバル共同体としてははるかに老舗《しにせ》なわけです。なにしろ七世紀から存在するのですから。モロッコからインドネシアに至る人口十六億の巨大な共同体がある。この共同体は宗教、言語、食文化、服飾規定、なかんずく「喜捨の文化」という固有の経済感覚を共有している。その文化圏に向かって、「君たちが信じて実践しているのは、全部ローカルな奇習であるので、そういうものは捨てて、これからはグローバル・スタンダードに従うように」と言っても、通りませんよ。特に「金があるやつが偉い」というグローバル資本主義の基本的な信憑がイスラームの価値観とは相容れない。そこが大きいと思います。

「金を持っているやつが一番偉い。だから万人は金儲けのために生きるべきだ」ということをグローバリストは自明のことだと思っているけれど、それよりも神の教えに従うほうが大切だと思う人たちがいる。これでは衝突するのが当然です。プロテスタンティズムと資本主義は相性がよかったけれど、資本主義とイスラームとは相性が悪かった。そういうことだと思います。

姜　やっぱりイスラームの共同体は、グローバル資本主義の外部にあったということなのでしょうか。その異質性がアメリカン・グローバリズムと折り合わなかった……。

内田　イスラーム圏が一貫して資本主義によって収奪される対象であったという歴史的事実も

あると思いますけれど、根本にあるのは宗教の問題じゃないでしょうか。「喜捨の文化」「歓待の文化」というのは遊牧民にとって生き延びるために必須のモラルなわけです。

砂漠では利己的にふるまうと生き延びることができない。最も重要な生活資源は、それなしでは生きられないがゆえに、見知らぬ他者とでも共有しなければならない。そういう発想はグローバリストには絶対理解できないと思います。

中田先生によると、イスラーム圏では、タクシーに乗っているときに、ドライバーがミネラルウォーターを飲むのをじっと見たりしていると、必ず「飲む?」と訊かれるのだそうです。それが遊牧民の文化なんです。

前に村上龍がエッセイで書いていましたけど、彼がテレビクルーと一緒にパリ=ダカール・ラリーの取材に行ったとき、日本人のテレビスタッフがミネラルウォーターのボトルに自分の名前を書いておいたら、現地のスタッフたちが「こんなやつとは仕事はできない」と言って辞めると言い出したそうです。日本人は「砂漠では水が大切だから、私的に独占するのが当然だ」と考える。でも、遊牧民はそうは考えない。「砂漠では水が大切だから、私的に独占してはならない」と考える。その落差はなかなか僕たちには理解できないんじゃないですか。

遊牧民は幕屋を訪れた人を追い返しません。見ず知らずの人であっても、食事と一夜の宿を提供して、歓待する。そのほうが自分自身にとっても生き延びる上で合理的だからです。自分自身も遊牧民ですから、ある日荒野で食べ物も飲み物もなくさまようという可能性は常にある。そのときに、荒野の向こうに幕屋があって、「水をください」と頼んだときに、水がもらえるかどうかが幕屋の主人の人間性次第ということでは困るわけです。気前のいい人と遭遇すれば生き延びられるが、ケチなやつと出会ったら死ぬということでは困る。どんな場合でも、砂漠で幕屋を見たら「助かる」ということでなければ困る。だから、荒野を生き延びるために必要なものは常に他者に与えられなければならないという道徳が身体化している。

難民が出る理由は、そう考えれば確かに当たり前なのです。日本人は多分あれほど簡単には難民化しないと思います。でも、それは異国を無一物でさまよって、見知らぬ人の家の扉を叩いて「食べ物をください。一夜の宿を貸してください」と懇願しても、絶対に断られると日本人が思っているからです。自分だったら、見知らぬ外国人がいきなりドアを叩いても、家に入れたりはしない。本人がそう思っているから。だから、そんなリスクは冒さない。でも、遊牧民は異国で無一物でさまよっていても、イスラーム教徒であれば歓待することが義務であるということを知っている。自分が歓待する側であれば、歓待する。だから、たまたま歓待される側になれば、歓待されることを期待してよい、そういう風に推論する。だから、異国に出て行くことにそれほど強い心理的抵抗が働かない。そういうことじゃないかと思います。

姜　帝国のコスモロジーと宗教とかということを考えると、一番リアリティがあるのは通貨ですね。もし今後イスラーム圏の通貨が特別引出権（SDR）の構成通貨になれば、ますますその可能性はありますよね。

内田　どうなんでしょう。イスラーム圏で、金を持っているのはサウジアラビアとかUAEとかだから……。

姜　例えば、トルコ圏が広がっていって、ドル以外の通貨が中央アジアのいろんなところで流通すれば、十分その可能性はあるんじゃないかな。昨年、国際通貨基金（IMF）が特別引出権の構成通貨の見直しを発表して、中国の人民元が組み込まれましたけど、それでますます、アメリカの最大パワーであるドル基軸が狭まっていることは間違いないですしね。

内田　ただ、それを基軸通貨をめぐる国民国家間のヘゲモニー闘争みたいに見ることはちょっと違うんじゃないかと思います。国民国家システムが始まったのは十七世紀のウェストファリア条約からですけれど、今の形になったのは、アフリカでたくさんの国が独立した一九六〇年代ですから、国民国家スキームの歴史は本当に短いわけですね。その歴史の浅い政治的スキームが早くも液状化している。それがかつて長期にわたって安定していたスキームに向かって復元していくというのは、自然な流れだと思います。

先ほど名前を出しましたけれど、ローレンス・トーブさんという未来学者の人は何年か前に、これからの世界はいくつかのブロックに分かれていくだろうという予言をしています。トーブさんによると、中国、韓国、台湾、日本が「儒教圏（Confucio）」を形成する。おもしろかったのは、ロシアとカナダとアメリカが「北極圏（Polario）」というブロックを作るという予測です。

姜　ロシアとカナダとアメリカ？　ロシアが入るって、それはどういう共同体なんですか。

内田　トーブさんにお会いしたときに理由を聞いたら、ロシアとアメリカってすごく立国の条件が似ているからだそうです。どちらもイデオロギーの上に国を作った。

姜　でも、今のロシアは、イデオロギーはあんまり関係ない。帝国ですよ。

内田　そうですね。旧ソ連とアメリカとは似ているところがありますけれど、プーチンの「ロシア帝国」はもうイデオロギーの国とは呼べないですね。トーブさんが予言をしたのはもう二十年くらい前の、ソ連崩壊前後の話なのです。でも、国民国家が解体して、いくつかの帝国に分割してゆくという見方は中田先生の話とも平仄《ひょうそく》が合う。

となると、日本の最大の問題は、「アメリカ帝国」の西の辺境になるのか、「中華帝国」の東の辺境になるのか、どちらを選ぶべきか、ということですね。悩ましいところです。昔の琉球王国が中国と日本にしたみたいに、米中両方に「朝貢する」というスタイルもありそうですけれど。

姜　それが今の韓国です。親米和中だから。

内田　韓国台湾など、東アジア諸国はとりあえずそういう形になりそうですね。韓国、台湾、日本は、アメリカと中国の両方に朝貢して、その大国のせめぎ合いの中で、合従連衡しながら適宜バランスをとってゆく。そういうのが辺境国の宿命なのかもしれない。

コミューン型の連合体を基軸に

姜　もう一つは、広域化と同時に狭小化も進むでしょうね。つまり、もっとローカライズが進むんじゃないかという気がする。

内田　僕もそう思います。グローバル化は必ずローカル化を引き起こします。帝国というのは帝国臣民たち全員が同胞としての一体化を感じるにはあまりにサイズが大き過ぎる。ですから、もっと小さいローカルな共同体に個人は帰属感を感じるようになる。自然環境が同一であったり、方言が同一であったり、食文化や祭祀《さいし》が同一であったりするローカル共同体が人々が一次的に帰属意識を感じる集団になると思います。

姜　その一つのあらわれは例えばセパラティズムというか、分離独立主義で、例えばスコットランドとかバスクとか、日本でいえば沖縄ももしかして独立路線もあるかもしれない……。逆に言えば、そういう分離独立運動が国民国家を液状化させるモーメントになりますよね。

内田　そうだと思います。スコットランドも、カタルーニャも、バスクも、どこも国民国家が液状化しているせいで独立の動きが出て来ている。国民国家の統合力が十分に強くて、中央政府のガバナンスが効いていれば、沖縄独立なんていう話は出て来ないですから。

姜　そういうモーメントはこれからかなり強くなっていくだろうと僕も思います。

内田　強くなりますね。ヨーロッパでは各地でその動きが起きています。ベルギーの場合、フラマン語、ドイツ語、フランス語と言語共同体ごとに政治的自治を要求しているうちに、小さな国なのに六つの自治体に分かれてしまった。でも、そうやって言語が違うところとは一緒にやれないというようなことをうるさく言い出すと、そのうちにうちの村と隣の村は方言が違うから一緒にやれないというようなことになりかねない。それまで認めたら、もう切りがないわけですね。共同体のアイデンティティを「自分たちが一体感を持てること」という風に曖昧に規定すると、どこまでも細分化する可能性がある。

フランスやイタリアは基礎自治体がコミューンというものですけれど、これは一つひとつサイズが違うんです。千人のコミューンもあるし、十万人のコミューンもある。でも、サイズと関係なしにすべてのコミューンには、市長がいて、市議会があって、市役所がある。一見すると非効率的に見えるんですけれど、うまく機能している。なぜかというと、コミューンというのは昔のカトリックの教区だからです。中心に教会があって、教区民が集まって基礎自治体を形成している。教会に対する帰属感、同じ教区民に対する同胞意識という幻想をベースにしているから、サイズが違っても困らない。これから国民国家が液状化していく過程で、イタリアやフランスはコミューンが……。

姜　減っていく可能性がある。

内田　コミューンの統合力も国民国家の統合力と一緒に弱まるかもしれないですね。ベルギーのように、ローカルな共同体がさらに細分化してゆく可能性はありますね。日本の場合だと、僕はだいぶ前から「廃県置藩」を唱えているんです。これは同じようなことを榊原英資《さかきばらえいすけ》さん（経済学者。青山学院大学教授）もおっしゃっています。

姜　道州制に近いものですか。

内田　道州制とは発想が逆なんです。道州制というのは行政の効率化のために、官僚が机上の計算で作ったもので、言うならば、サイクス＝ピコ協定のようなものです。僕が考えている「廃県置藩」構想はむしろヨーロッパのコミューンに近い行政単位です。

地域の生活文化の同一性に基づいてボトムアップで形成された共同体です。「このへん」が自分たちが根付いている場所で、「この人たち」が自分の同郷人で、同胞だと思える、その身体実感に基づいて基礎自治体を作る。

道州制だと、自治体の区分けは面積や人口数や法人数や税収といった数値に基づいて「線引き」が行われる。でも、そういう風に電卓と物差しで作った自治体は結局機能しないんです。一体感がないから。明治以降の都道府県は結局作って百五十年経っても、まだ「くに」としては認知されなかった。「おくには？」という質問に、僕の周りに「兵庫です」と答える人はまずいません。「神戸です」とか「但馬《たじま》です」ですとか「播州《ばんしゅう》です」とか、もっと小さな、自分にとってリアリティのある地域名で答えます。「兵庫県」というものに実感がないからです。だって、「兵庫名物」もないし、「兵庫弁」もないし、「兵庫県民性」もない。それよりは旧藩の境目のほうが地域区分としてリアルなんです。

姜　ああ、なるほど。僕もそれと似たような考えを持っています。九州の熊本へ帰ったりすると、いろんなところでリターン組に出会うんです。地元に回帰してくる人たちがけっこう多い。

回帰組は、地方創生なんて口ばかりで、あれは結局中央支配だろうという見方をしていますからね。県より広いものとか、そういういくつかのコミューンを重層的に作っていけば、国民国家を解体させる方向に力学が働くんじゃないかとは思いますね。

内田　今の日本は中央に権限と情報と利権が集中してしまって、そのせいで国民国家全体が底抜けしてしまっている。もっと国民資源を分散すべきなんです。中央集権を止めて、もっと小さな基礎自治体に権限を分散して、それらの自治体のその緩やかな「連邦」として日本国がある、そういう形態のほうがずっと収まりがいいと思うんです。

現に、百五十年前まで千年以上、天皇制の下でそういう「連邦制」でやってきたわけです。日本のエリートたちはことあるごとに「アメリカのシステムを見習うべきだ」と言いますけれど、それだったらまず連邦制を見習えばいいじゃないかと思います。アメリカは州ごとに税制も教育制度も司法制度も違う。それで成功して、世界の超大国になったわけですから、見習うならまずそこからでしょう。

アメリカの州制度に近いのは日本の幕藩体制ですよ。藩主として行政経験の豊かな人たちが順番に国政を担当する。幕末の四賢侯のように、国難のときに国政の舵取りができるだけの器量と見識がある藩主たちが制度的に育成されていた。これは多くの大統領が州知事で州政の経験を積んだ後、ホワイトハウスに入るアメリカの仕組みに近いと僕は思います。
アメリカの州だって、いきなりできたわけじゃない。まず独立して、それから準州になって、最後に議会で承認されて州に昇格した。だから、日本もそのやり方でいいんじゃないですか。みんなが「自分のくに」と思えるエリアがある。それを独立的に運営する。それが日本における「ステート」になる。それが連合して「ユナイテッド・ステーツ・オブ・ジャパン」を形成する。それでいいじゃないですか。

姜　そこは意見が合いました。

内田　ええ。これは一生懸命アナウンスしているうちに、けっこう大きな流れになりそうな気がするんですけどね。

【オーディエンスの質問から】

姜　今日も、内田さんの凱風館《がいふうかん》には、いろいろなオーディエンスの方々が来場なさっています。武道の稽古にしても、思想や哲学を学ぶ学塾としても、こうしたオープンな場で語り合えるのは僕としては羨ましい限りなんですが、せっかくなので、皆さんの意見もまじえながらこれからお話ししたいと思います。質問、意見、なんなりと出してください。

グローバリズムの凋落はあり得るか？

――「非対称戦争」という表現がありますが、僕は実は帝国化することとテロとは両輪じゃないかと思っています。今、右傾化したり、排他的になったり、いろんな国家がありますけど、全部排他的な考えを持つ国家になると怖いなと思う。クラスで一番から四十番までいるときは、落ちこぼれがいても包摂できるけれど、学年で統一されてZ組にされると、落ちこぼれ組はより過激になります。さらに排除が進んで底辺校を作ると、生徒全体がテロ的になってしまう。それを世界規模でやっていくと、とんでもないテロ国家が出現してしまう。

兵器産業の話が出ましたけれど、それは帝国同士の戦いのための兵器の需要ではなく、難民が生まれる国へ歪《ゆが》みを押し付けるための産業なのだと思うのです。なので、当然反発はテロの形で出て来る。そういうことは全部グローバル化の必然なのかなと思いました。だからグローバリズムはやっぱりよくないという結論になってしまうのですが、どこかで歯止めをかけることはできるのでしょうか。

姜　グローバル化がどこまで必然かは別にして、このグローバル資本主義というやつは、今のところオルタナティブ（代替）はなさそうだと思っている人が多いと思います。

内田　そうですね。ただ、これは超大国であるアメリカが主導しただけで、実体はローカルな運動なのです。グローバル志向はアメリカの痼疾《こしつ》です。アメリカ以外の国には自国のやり方を世界標準に採用させようというようなグローバル志向はまず見られない。ですから、アメリカがこののち凋落していって、国際社会における存在感が希薄になってゆけば、もうグローバリゼーションを主導する国はなくなるでしょう。もちろん、グローバル企業は引き続き活動するでしょうけれど、国策として、世界中の国に市場開放を求め、世界中の国に同一言語や同一通貨や同一度量衡や同一価値観を要求するような政治勢力は衰微する。それくらい期間限定的、地域限定的なものなのです、グローバリズムって。だって、「グローバリズム」という言葉は、日本では今から三十年ぐらい前は誰も使ってなかったじゃないですか。まるで大昔からずっとあったように思っているけれど、日常語彙に今のような意味で登録されたのは、ほんの二十年前ですよ。だから、二十年後には、こんな言葉、もう誰も使っていないかもしれない。

姜　本当にそうですね。我々は昔からあったように使っているけど、たかだか二十数年です。

内田　僕たちは、今だけ起きている一時的、短期的なものと、長い歴史的風雪に耐えてまだ生き残っているものとを「今あるもの」というだけの理由で等格に扱いますけれど、やっぱり最近出て来たものは、あっという間に消えてしまう可能性が高い。

イスラーム共同体だって、七世紀から存在したのに、そういうグローバル共同体が存在しているということは、二十世紀末になってアメリカン・グローバリズムが出て来るまでは国際政治上の重要なファクターじゃなかったでしょう。帝国主義の時代も、東西冷戦の時代も、南北問題の時代も、ポスト植民地主義の時代も、イスラーム圏がグローバル共同体であるという形で認識されたことはなかった。存在していたのに、国際政治上のキープレイヤーでなかったので、「存在していない」ことにされていた。

それがアメリカ主導のグローバリズムが世界を覆い尽くすという歴史上最初の企てがなされたときに、それに対する非妥協的な抵抗勢力として登場してきた。それまでは「存在しないもの」とされていた政治的現実が、ある歴史的条件が与えられたことで、いきなり前景化した。歴史は終わり、世界は「フラット化」したとみんなが信じたときに、モロッコからインドネシアに至る地域があって、それとは別の歴史を生き、「フラット化」を拒絶しているという事実が可視化された。だから、このイスラーム共同体の今のリアリティも、アメリカ主導のグローバリズムが衰微すれば、それと連動して再び舞台の袖に姿を消すということもあり得ると思います。

姜　グローバリズムが台頭してきたのは、金融とＩＴの役割が大きかったんじゃないかと思います。戦後、僕たちは一ドル三百六十円の固定相場制で生活していたのが、ニクソンショック（一九七一年）で金とドルとの交換が停止された。これはアメリカのベトナム戦争による財政悪化の解決策として取られたドル防衛策だったんだけれど、ここから資本の自由化が具体化して、変動相場制になった。グローバル化を金融としてとらえると、僕は、変動相場制が始まったぐらいからかなと思っています。とすれば、グローバル化というのは、実は永続的なものじゃなく、これが凋落するということは十分あり得る話だと思います。

それから、帝国同士は戦争目的ではなく、むしろ帝国の後背地に武器をできるだけスクラップ・アンド・ビルドできるようにしているというのは、おっしゃる通りだと思います。そのための後背地を、それぞれの帝国は必ず確保しようとする。これもグローバル化の必然でしょうね。

難民が帰属感を得られる共同体支援は?

――グローバル化の必然として難民が発生するというお話や、プラグマティックに考えて、死んでもいいから殺すんだという人たちを減らすことが課題だというお話には、非常に納得するものがありました。

そこで、難民となってしまった人たちが帰属感を感じられるような共同体を作るような支援策があるとして、それはどんなことが考えられるのか、何かアイディアをお持ちであれば、教えていただきたいと思います。今行われているようなお金、食べ物、学校や医療施設を作る、これは文化資本につながるかと思いますが、他にどんな支援の形が考えられますか。

内田　ヨーロッパで難民の受け容れが今のところ比較的抵抗がなく進んでいるのはドイツですね。第一の理由は、ドイツ人に原罪意識があるからです。

ドイツは先の大戦中にソ連東欧の民間人の十パーセント以上を殺しました。ドイツ国内でも十万人の精神病患者を殺し、数十万のジプシーを殺し、さらに六百万人のユダヤ人を殺しました。これはどうしたって否定できない事実です。ですから、戦後ドイツの立国の理念には、他の国以上に人道的・倫理的である責務があるという一条が書き込まれていると思います。他の国と同じ程度に「普通に人道的」であったり、弱者支援体制が「一応整備されている」だけでは、ドイツの贖罪《しょくざい》は果たせない。ナチスドイツの犯したあまりに巨大な罪けがれを浄化するためには、ドイツは「他の国以上」に倫理的にふるまう義務がある。そういう風な感覚が現在のドイツ人たちの中にも、言葉にされないまでもあると思います。

でも、ヨーロッパの他の国々、例えばフランスは戦争犯罪について反省していない。だから、自分たちには「他の国より以上に人道的である責務がある」という風には思っていない。「自由・平等・友愛」の原理を掲げていて、すべての人に対してフランスの国境は開かれているという「建て前」はあるけれど、実際にはレイシズムを掲げる国民戦線が直近（二〇一五年十二月）の地方議会選挙で得票率が二十八パーセントで、いくつもの選挙区で第一党になったし、先ほども申し上げたように、日常的に移民に対する差別迫害が行われている。

ヨーロッパで枢軸側について敗戦国になった国は、ハンガリー、フィンランド、ルーマニア、ブルガリア、スロバキア、クロアチアと五指に余ります。もちろん、イタリアもフランスもファシスト政権で、国内では共産主義者やリベラル派を弾圧して投獄したし、ユダヤ人を狩り立てて強制収容所に送った。そういう国々がみな口をぬぐって、自分たちには倫理的な「負い目」なんかまるでないような顔をしている。これはよくないと思います。自国の歴史的な汚点については、ちゃんと直視すべきです。直視したら、自分たちが今の中東からの難民流入について「迷惑なんだよ」というようなことを軽々に口にできる立場じゃないということはわかるはずです。

今日は話に出てきませんでしたが、その点ではイギリスがやはり相対的には「大人」の対応をしていると思います。もちろん、イギリスは帝国としてかなりあくどい植民地主義的な収奪を行ってきました。でも、七つの海を支配していた大帝国を切り回すだけの資源がなくなったと判断した段階で、帝国を畳んで、大西洋の小さな島国にまで縮減してみせた。世界帝国を島国にまで縮小することに成功したんです。これを評価する人はあまりいませんけれど、僕はこれはすごい成功事例だと思います。

確かに、短期間に帝国から島国までシュリンクしたわけですから、それによってイギリスのシステムはがたがたになりました。でも、それが亡国の危機というところまではゆかず、「英国病」と呼ばれた社会的な停滞くらいで済んだ。その時期、僕はイギリスにはＩＲＡ（Irish Republican Army：アイルランド共和軍。かつてアイルランド独立闘争を行い、二〇〇五年武装闘争終結を宣言）のテロもあったし、若者の失業率は高いし、ダメな国なんだなとぼんやり思っていましたけれど、あれはグローバル企業が、支社も海外工場も全部売り払って、創業時の町工場に戻ったようなものですから、それでもなんとかあれこれやりくりしながら倒産せずに済ませたというのは、やっぱり「たいしたこと」だと思います。

小国が軍事力や経済力をつけて世界帝国になろうとするプロセスでは、いろいろ威勢のいい大義名分が語られるでしょうけれど、世界帝国が島国に縮減するプロセスに、その作業の意義を語るような堂々たる原理原則はありません。あるはずがない。もうどうにもあがきがつかなくなって、帝国経営を放棄するんですから。大義名分も、きれいごとも言わずに、現実の状況にどう対処すべきか、そのつど判断して行うしかない。帝国を島国にまで縮減した先行事例なんか歴史上存在しないわけですからね。やり方は自前で考え出すしかなかった。僕はイギリスのこの歴史的業績はもっと高く評価されてしかるべきだと思っています。

そのことからもわかりますけれど、イギリスは原理主義の国じゃないんですね。多分ものごとを「原理の問題」ではなく「程度の問題」として考える。プラグマティックに、計量的に、経験的に考える。「絶対に正しい解」ではなく、「よりましな解」を選択する。場合によっては「何も選択しない」。

イギリスはヨーロッパ諸国においては例外的に反ユダヤ主義が大きな社会的影響力を持たなかった国なのです。もちろんイギリスにだってレイシストはいます。でも、それがフランスにおける国民戦線のような一大勢力になることはなかった。「自由・平等・友愛」の国で反ユダヤ主義が生まれ、ファシズムが生まれ、イギリスのような経験主義的な国では、反ユダヤ主義も、ファシズムも、レイシズムも強い政治的指南力を持つことがなかったということの意味はもっと真剣に考察してよいと思います。イギリスは多分「常識の国」なんです。「絶対に正しい解」というものがあるということを信じない人たちは「絶対的に邪悪な人間たち」がいるということも信じない。

イタリアもそういう意味では「わりと常識的な国」ですね。枢軸国でしたけれど、ユダヤ人に対する迫害をそれほど熱心にやらなかった。だから、フランスのユダヤ人たちはイタリアに逃げた。敗戦国フランスの警察は戦勝国ドイツ軍から「やれ」と命令されたことを必死で実行したけれど、ドイツの同盟国だったくせに、イタリアの警察はそういう仕事にはあまりまじめに取り組まなかった。イタリアのこの「ゆるさ」を僕は評価するんです。多分イタリア人は生身の人間として納得いかないことはあまりまじめに取り組む気がしないんでしょう。イデオロギーではなくて、身体実感のほうを優先する。原理原則にではなく、「人というものは……」

というようなゆるい倫理規範に従う。僕はそういう人間のほうが成熟していると思うんです。前にイタリア人の合気道家が遊びに来たときに、酒席で「そういえば、イタリアって一九四五年七月に日本に宣戦布告したでしょ」と聞いたら、「ごめんね、うちは『そういうこと』をわりと普通にしちゃう国なんだよ」と言っていました。あっさり自分の国の「できたら忘れたい歴史」を認めてしまう潔さにも驚きましたけれど、そういうトリヴィアルな歴史的事実を普通のイタリア青年がちゃんと知っているという事実にも驚きました。

そのイタリア青年は「フランスがドイツに降伏したときに、実はイタリアは火事場泥棒的に国境のところで、ちょっとだけフランスから領土を獲ったりしているんだよね。うちは『そういうこと』をわりとやる国なんだ」とも言っていました。こういうことって、なかなか言えないですよ。そのときに「どうしてイタリア人は、そうやって自国のわりと恥ずかしい歴史について、淡々と話せるの?」と訊いたら、「だって、うちは昔は一度世界を支配したことがあるから」と答えました。「今はダメだけど」って。

なるほど、と思いました。イタリア人は、ローマ帝国の時代に一度世界を支配した。それから落ち目になって、この二千年ほどはずっと落ち目のままだけど、その歴史的事実をまっすぐに受け容れている。今はぱっとしないけれど、過去には一度だけ世界の覇者になったことがある。その事実がイタリア人を不思議な余裕のある、人間的な手触りの国民にしているような気がしました。

そういう風に歴史の風雪に耐えて、堂々たる事績もみっともない失敗も、いろいろ経験してきたことをごまかさずに直視できている国と、フランスやアメリカのように歴史を越えた超越的な理念にしがみついているせいで、現実から目を背けている国の間では、ふるまい方にかなり違いが出て来るような気がします。

姜　アメリカの雑誌「タイム」で、二〇一五年度の「今年の人」に選ばれたのは、ドイツ首相のアンゲラ・メルケルさんです。ドイツの場合、難民受け容れはドイツ連邦共和国基本法（ボン基本法）で定められていますし、ドイツ国家として取るべき方針がはっきりとしている。

僕は難民について言うと、国連で滞在権を作れないかなと思っているんです。一時的にどんな国にも滞在できる権利です。カントの『永遠平和のために』という本の中に、訪問権を認めるべきだと書いてあります。ただし、永住権はまた別問題です。とにかく一カ月かあるいは数週間か短期的に滞在を認める。そういう権利を認めた上で、自分がこの国に永住したいという国をある程度選べるというのがいいんじゃないか。難民というと、迷惑者だというイメージで、受け容れる側が勝手に采配する傾向が強いけれど、そうではなく難民が選ぶというようにできたらいいなと思う。もう十八世紀の末に、カントがそう言っています。訪問権を与えるべきだと。日本も、「おもてなし」の国なのだから多くの難民に訪問権を認めて欲しいですけどね（笑）。

内田　日本人は意外と歓待しない国民性なんですよ。遊牧民は砂漠の向こうから見知らぬ旅人がやって来ると、幕屋の扉をあけて歓待するという話をしましたけれど、日本の文化はそうじゃないんです。「遊行の民」という漂泊芸能民や職能民や宗教者が中世の日本列島を行き来していたはずなんですけれど、どうも彼らを歓待する文化的基礎があったようには思われない。

能の曲では大体まずワキが旅の僧になって出て来ます。そして、歌枕を訪ねて、あれこれ見聞しているうちに日が暮れる。仕方なくそのあたりの家を訪れ、一夜の宿を借りたいと言う。でも、これが全部断られるんです。「お宿を貸してください」「はい、どうぞ」というやりとりは僕が知る限り能の現行曲の中には一つもありません。最初はまず断る。狭いからダメだとか、汚いからダメだとか。システマティックに断る。それを曲げてお願いしますというと、渋々宿を貸す。全部そうなんです。それを見る限り、異邦人を歓待するという文化習慣は日本の伝統にはなかったんじゃないかなという気がします。

姜　でも渋々ではあっても、最終的には、仕方ないどうぞと泊めるわけでしょう。

内田　ええ、渋々とは泊めてあげる。だから、とりあえず一回断るというのが日本の習慣らしい。一回断って、そこをさらに懇願されると、そこまで言うならと受け容れる。でも、いったん家に入れた後はずいぶん歓待するんですよ。『鉢木《はちのき》』では、主人は旅人の暖をとるために秘蔵の盆栽を焼いて火にくべるし、『安達原《あだちがはら》』でも、旅の僧たちが寒そうだからと、薪を取りに夜の山の中に入って行く。だから、歓待をすることはしてるんです。でも、なんだか手触りが違う。遊牧民の歓待の文化とは違う感じがする。

中世から戦国時代くらいまで、日本人はかなり自由に移動していたはずなんです。そのときの移動するノマドたちと定住民の間に、ある種の緊張関係と同時に、相互支援的なコミュニケーションもあったと思います。諸国一見の僧や芸能民はたとえ少数であっても、社会的な機能としては必要だからです。ただし、農耕社会では、ノマドには集団内部に居場所を与えない。村はずれや河原のような無主の地に小屋がけして興行したり、伝道したりすることは許す。半分追い出しながら、半分入れる。移動民と定住民はそういうアンビバレントな関係だったんじゃないですかね。

姜　多分キリスト教も、どこかに遊牧民の文化の影響を受けていますね。聖書を見ると、羊飼いに天使があらわれて神の子が生まれるよと予言する。羊飼いってあの時代は最底辺の人間だし、遊牧民に近いですよね。彼らに神の子が生まれるというお告げがあるという話は、多分それに近い隣人愛を感じさせます。

内田　一神教の教える隣人愛は博愛主義という理念ではなく、実際にはもっと実践的な経験から導き出されたものだと思います。砂漠から飢えと渇きでふらふらとやって来た人が「水を」と言ったとき、歓待しないと死んじゃいますからね。自分もいつか同じ立場になる可能性がある。だから、隣人への気づかいは自分への気づかいと結び付くのだ、と。それは頭で考え出した理屈じゃなくて、リアルな経験則だったんだと思います。

姜　そういうホスピタリティが世界的に共有されていると、ここまで難民問題はひどくはならないでしょうね。

第四章
グローバリズムという名の「棄民」思想

端島（長崎県）。通称、軍艦島

明治百五十年、日本の首相の野望

姜　ここまでは内田さんに今の状況の大きな見取り図を出していただいたので、ここからは僕のほうから、今、僕がやっているフィールドワークで感じたことをお話しして、対談の糸口にしようかと思います。

実は今、共同通信の月一回の連載で、一カ月に二度ほど、ある特定の場所を訪ねているんです。最初の回は、長崎県の端島《はしま》に行ってきました。ここは高島炭鉱から約二・五キロにある海底炭鉱で、通称「軍艦島」と呼ばれています。戦艦「土佐」に似ているというので軍艦島といわれるんですが、明治から昭和にかけて大変栄えて、人もたくさん住んでいたんですけど、今は無人島の廃墟《はいきょ》です。この廃墟が今は世界遺産の一つなんですが。

内田　軍艦島はよく映画のロケに使われていますよね。『007／スカイフォール』（二〇一二年、イギリス／アメリカ）でも使われていましたね。

姜　ええ、そうです。海上に忽然と立ち並ぶ鉄筋コンクリートの廃墟のビルは、圧巻ですからね。軍艦島の後は、三池《みいけ》炭鉱の三川坑《みかわこう》（福岡県大牟田市）、福島の常磐《じょうばん》炭田と、炭鉱の廃墟を訪ねて、その後に福島の第一原子力発電所に入りました。二年後にちょうど明治維新から百五十年になるので、いわゆる日本の近代百五十年のエネルギー政策がどのように推移してきたのか、その軌跡を自分の足でたどってみたいと思いまして。

内田　なるほど。もうすぐ明治百五十年なんだ。

姜　今、政府は「明治の日」を作りたいみたいで。

内田　え？「明治の日」ですか？

姜　ええ、明治の日を国民的休日にしたいと。

内田　休日はいいんですけど、それは一体何を祝う日なのですか。

姜　だから明治百五十年、日本近代国家万歳ということでしょう。一九六八年に佐藤栄作首相が明治百年を祝いましたよね。安倍総理にとって、佐藤栄作首相は自分の大叔父になる人だから、今度は、明治百五十年を自分が祝いたいのかもしれません。

内田　二〇一八年まで首相をやるつもりですか。あと二年も……。それはないと思いますけど。

姜　僕は何やら策を練って、二〇二〇年の東京オリンピックまでは首相をやりたいと思っているんじゃないかと。そういう栄光だの名誉だのが大好きな人ですからね。

内田　それはちょっと……。姜さんのテーマに入りましょう（笑）。

炭鉱の廃墟、震災後の原発を訪ね歩いて見えてきたこと

姜　なぜ炭鉱の廃墟を見に行こうと思ったのかといえば、まず、僕は炭鉱のある熊本生まれにもかかわらず、日本を動かしているエネルギー事情に関して、今までほとんど関心がなかったということがあります。ただ、僕が子どものころの三川坑炭塵爆発事故（一九六三年）だけは、すごい事故だったので非常によく覚えています。この事故で五百人近く亡くなり、八百人以上の一酸化炭素中毒者が出ました。あれから半世紀以上、いまだに病院で寝ている人がいるという、ひどい事故でした。しかし、その記憶だけで、日本にとっての炭鉱がどういう存在だったか、その後、格別関心を寄せる機会はなかったのです。

しかし、３・11の東日本大震災が起きて、僕の中で大きな変化がありました。五年前、原発事故が起きてすぐ福島県相馬市に入ったんです。まだ原発事故がどうなるか予断を許さないときで、原発周辺地域から逃れてきた人たちでごった返していました。

そのときに、南相馬から逃れてきた主婦から、「なんでうちらは東京の明るさのためにこんなことになるんですか」と、詰め寄られたんです。そう言われて言葉が出ませんでした。何か、

不意打ちを食らったような感じで。頭では知っていたはずなのに、そのとき僕はあらためて、東京電力の原発が福島にあるということに気付かされたのですね。これは不覚以外の何ものでもないと思いまして。

それで、事故を起こした原発だけ見るのではなく、かつて日本のエネルギーの基盤を支えていた石炭まで遡って、そこから見ないとわからないんじゃないか、その主婦の疑問には答えられないんじゃないかと思い直したわけです。

内田　なるほど。それで炭鉱を巡られたんですね。

姜　ええ、炭鉱の廃墟を訪ねて、その後であらためて原発を見てみようと思った。民営によるエネルギー政策は、国の根幹、エネルギーは国家なりですからね。そういう目線で炭鉱から原発をルポしてみると、いろんなものが見えてきたんですよ。そのときに一番痛感したのは、僕はまったく人間を見ていなかったなということです。日本の成長を担ったエネルギーを作り出していた人たちのことをまったく見ていなかったと。

炭鉱をルポした後、この間初めて第一原発に入ったんですね。ひところよりは線量は低かったのですが、それでも一号機の建屋が水素爆発で吹き飛んで、一～三号機が炉心溶融して、炉心がどこにあるかもわからないという状況です。ですから、僕らが取材で中に入ることに、東電のほうもかなり構えていましたけどね。事故の収拾で、大体七千人ぐらいが毎日そこで働いているのですが、中の人たちには一切インタビューはできませんでした。

内田　そうですか。

姜　あらかじめ、彼らとの接触は禁じられていたのです。でも、みんなが食堂でご飯を食べている様子をずっと見ていたら、やっぱり緊張が走っているのがわかりました。

内田　その人たち、どこから来ているんですか。

姜　それがわからないのです。東電のほうは一応、地元に雇用がたくさん増えていますよと宣伝はしていますが、孫請・下請でいろいろあるわけでしょう。この間、関西で中学生二人が殺された事件の犯人も、一時期、福島第一原発の除染作業員として働いていましたよね。

内田　寝屋川の事件ですね。

姜　そうです。季節労働者のように一時期だけ雇われる。だから、彼らがどこから来て、ある時期働いた後、どこへ行ったのかということは、多分わからないと思います。

内田　でも、一定期間以上は働けないんでしょう?　被曝《ひばく》線量の限度があるから。

姜　そうです。それをいくつかローテーションでやっている。今回調べていて、びっくりしたのは、石炭の採炭作業に従事していた人たちも、ある意味同じなのですよ。

三池に三池工業高校というのがあるのですが、この高校は、一八八三年に建てられた三池集治監《しゅうじかん》という刑務所の跡地に作られたんですね。この刑務所には、西日本各県の監獄から刑期が十二年以上の囚人が集められたそうです。最盛期にはここに二千人もの囚人が収容されて、強制的に三池炭鉱での採炭作業をさせられていた。三井に払い下げする前の国営の段階から、囚人を作業に割り当てて酷使していたんですね。囚人を使っていれば、落盤事故が起きたときも、どうせ囚人だからというので、補償も何もない。使い捨てです。

だから人の噂《うわさ》では、三池炭鉱の地下には相当数、囚人たちの亡骸《なきがら》が埋まっているんじゃないかと……。そういう人たちを供養する団体が今はありますけれど、囚人労働でやっていた当時は、炭鉱夫自体の命の価値が限りなくゼロに近かった。それで調べてみて驚いたのは、囚人たちの後に採炭作業をしていた労働者には、与論島出身者が多いんですよ。

内田　与論島ですか。

姜　与論島。与論島から来た出稼ぎの人たちは、最初は鉱夫じゃなくて、主に船への石炭の積出人として働き「ゴンゾウ」と呼ばれていたらしい。やがてそれが鉱夫になって働くようになったらしい。

僕は全然知らなかったんですが、「月が出た出た」という三池炭鉱の歌があるじゃないですか。三池炭坑節。あれは、僕も小さいころ、大人たちが歌っているのをよく聞いていて、普通の労働歌に近いようなイメージだと思っていたんですね。ところが、あの歌のオリジナルは、福岡県の筑豊炭田でボタ（採掘で出る捨石）の整備をやっていた女性たちの歌（「伊田場打選炭《いだばうちせんたん》唄《うた》」）だったんです。

そして、もう一つ興味深いのは、この炭坑節は、昔、田端義夫が歌っていた「十九の春」の歌詞によく似ている。十九歳の娘が十八歳になっただけで、ほとんど同じようなことを歌っている。この田端義夫の歌を調べると、ルーツが与論島につながる民謡なのです。

内田　琉球の曲が来ているんですか。

姜　ええ、琉球から来ているということ。だからね、過酷な石炭採掘に駆り出された労働者の序列を見てみると、まず囚人でしょう。次に、日本に併合された琉球沖縄から呼ぶ。で、この人たちが最底辺なんです。だから与論島の人たちのほうが、朝鮮半島・中国から連れて来られた人よりも扱いが悪いのです。そして序列の一番上にいるのは日本人なわけですが、そのヒエラルキーが軍艦島に行ってみると、手に取るようにわかる。軍艦島というのは、日本で初めて鉄筋コンクリート七階建が建てられた場所なんですね。あそこが初めで、次は原宿の……。

内田　同潤会《どうじゅんかい》アパートですか。

姜　そう、そう。軍艦島は今はすべてが廃屋になっていますが、高層住宅の上のほうは菜園になっていて、その日当たりのいい高層階は、三菱の職員が占領して階級順に部屋割りがなされていて、一番上には一番偉い人が住んでいる。で、下のほうは建物が密集しているのでまったく日が当たらない。そこに朝鮮人や中国人が押し込められているという、歴然としたヒエラルキーが作られていました。

内田　フリッツ・ラングの映画『メトロポリス』（一九二六年、ドイツ）みたいですね。最上階の日の当たるところに後継者が陣取っていて、労働者は地下に住んでいる。

「人柱」が担っていた日本近代の動力エネルギー

姜　こうしてあらためて、石炭から原子力、核エネルギーまで、エネルギーという視点から日本の近代を検証してみると、人柱なしには国を動かしていく力になり得ないということが、よくわかった。その人柱が今まで僕には見えてなかったわけです。

井上佳子《けいこ》さんという熊本出身のテレビのディレクターが、炭坑節の歌詞をいろいろ調べていて、おもしろい仮説を立てたんです。「月が出た出た、月が出た、よいよい、三池炭鉱の上に出た」「あんまり煙突が高いので、さぞやお月さん、煙たかろ、さのよいよい」と。でね、この「月」とは何かの比喩ではないかと気になって調べてみた。すると、月というのは、旧暦の太陰暦のことを指しているのではないかと、思い当たったわけです。

大体、朝鮮半島と中国、沖縄も含めて、みんな太陰暦を使っていますよね。日本は、東アジアで最初に太陽暦を明治国家が導入して、時間や季節の行事を全部組みかえていったわけです。今は日本はあまり旧正月で人は動きませんが、韓国も中国も民族大移動するでしょう。

それで、あの炭坑節の月は朝鮮半島や中国、沖縄で、煙突は驀進《ばくしん》する日本の近代じゃないかと……。その煙でむせて困っているのが、炭鉱で働かされている朝鮮人や中国人、沖縄の人々じゃないか。あくまで仮説なのですが、彼女の話を聞いて、それはあり得る話かもと、思いました。

内田　太陰暦の国々が、日本の進出によって迷惑をしているという。

姜　そうそう。確かに僕の母親もほとんど太陰暦だったんですよ。日本に住んでいるので太陽暦と太陰暦を両方扱っていたけど、家の中の行事は全部太陰暦。大事なことは必ず、旧暦で何日だと覚えていましたから。そんな歌も含めて、もう一回、近代というものをそういう視点から見直していったとき、根幹になる部分で見えてなかったものが見えてきた感じがした。

そしてもう一つ今日申し上げたいのが、原発のことです。僕が福島第一原発に入ってまず感じたことは、まさにSF的な世界だなということ。大変な数の汚染水のタンクが累々と屍《しかばね》のように連なっている。あのタンクのおいてある場所は、想像以上に広いのです。そこで、何をやっているかというと、要するに別のタンクに入れかえているだけなんです。汚染水がどんどんたまるから。だから九十五パーセントは土木工事。

内田　汚染水をくみ出して、別のところに移しているだけ。

姜　ええ。ナットでとめただけの樽《たる》のようなタンクがあるんですが、それでは弱いので、完全に溶接したタンクを新たに作って、それに移しかえる。

内田　仮設のタンクが脆《もろ》くて、漏れ出していると聞きましたけど。

姜　うん、だから、丈夫なほうに入れかえているだけ。

内田　そんなことをやっているわけですか。

姜　やっているんです。地下水が大体毎日三百トン、そこへ入ってくるわけだから、大変な量になるのです。バイパスを作るとか、地下水を凍土壁で遮断するとか、いろいろ考えているようですが、今のところはくみ出すだけ。それで、見渡す限りタンクだらけなんですよ（その後、建屋流入前の地下水をくみ上げて浄化し海へ放出する対策や、凍土壁で遮水する対策などが行われているが、汚染水減少の効果は上がっていない)。

内田　それに全部、汚染水が入っている。

姜　汚染水が入っています。セシウムだの、ストロンチウムだの、トリチウムだのをいくつかの濾過《ろか》装置を使って浄化しているというんですが、どれぐらい浄化されているかはよくわかりません。それだけじゃなく、作業に使った防護服や道具類など、毎日、日がわりで出るでしょう。その膨大な堆積物も、どこかに一時保管してあるんですね。その量だけでも大変なものらしい……。

内田　増えるばっかりですね。でも、それは基本的には燃やしちゃいけないのでしょう?

姜　あの続々と増えていく膨大なタンクを見て、僕は心の底から、原発の不合理を痛感しました。あそこはまさに炭鉱の廃墟と同じ風景でした。まだ人がいていろいろ作業していますけど、やがて人っ子一人いない廃墟になるんじゃないかと……。

内田　なりますね。

近代百五十年の成長の陰に「棄民」ありき

姜　第一原発の線量の高いところで、日当いくらで働いている人たちだって、命を縮めているんだから、ある意味人柱といえますよね。東電の社員は仕事を指導する側で、危険な作業はそういう季節労働者のような人たちにやらせるんでしょう。リスクを背負わされるのはいつだって、手厚い保護のない人たちです。

結局、近代の経済成長を支えてきたのは、炭鉱の労働者も含めて、人柱になった人たちだといえる。いってみればグローバル化の流れから、はじき出された人たち、彼らが捨てた命の上に繁栄が成り立ってきた。そう考えると、前回、内田さんと話した難民の話や、社会的上昇のチャンスが奪われたままの、フランスの移民二世三世の人々の話ともつながってきますね。

内田　そうですね。

姜　福島の浪江に、第一原発から十四キロぐらいのところに牧場があるんですね。そこで牛を飼っている人を取材しました。希望の牧場・ふくしまの吉沢正巳さんという方です。吉沢さんは汚染された牛を殺処分しろという国の厳命に逆らって、三百三十頭の牛をその牧場で飼い続けている。絶対殺さない、生かしておくんだと言って。彼が言うには、殺してしまったら放射能が生物にどういう影響を与えるのかわからなくなると。放射能牛を長期的に生かした場合にどういう変化が起きるのか、それを調査するための貴重なモルモットでもあるのだから、生かしておくんだと。そのために数カ月で六百万も餌代がかかるのに、飼い続けている。僕はそれはもっともな話だと思うのです。

内田　被曝の症状って、どういう風に出るんですか。

姜　びっくりしましたけど、牛に斑点が出ている。

内田　殺したって、放射性物質は消えないわけですからね。死体を焼いても消えないし。

姜　ええ。吉沢さんと話して、あっと思ったのは、彼の口から「棄民」という言葉が出てきたんです。国は自分たちを畜生のように扱って、棄民扱いにしていると、泣きながら話すのですね。なぜそういうのかと聞いてみると、彼の両親は満州の開拓民で、関東軍に捨てられ、国に捨てられて命からがらに日本に帰って来た人たちなんです。そういう悲惨なことがあって、彼の両親はまさに棄民を体験した人で、その息子である彼も、被災して、生活の糧であったものを強制的に国に取り上げられようとしている。それで、彼は自分も棄民と同じだと言っている。考えてみれば、汚染された福島を追われて四散した人たちだって、故郷を奪われた棄民ですよね。帰るに帰れない。

そう考えると、近代の成長の陰に棄民ありきです。難民も移民も含めて。炭鉱労働者も、閉山が始まってからいろんなところに流れて行ったようですが、彼らも使い捨てられた棄民です。

僕がドイツへ行っていたとき知ったのですが、三井三池炭鉱からドイツの炭鉱に渡った人たちもいて苦労したようです。やっぱりこの人たちも棄民でしょうね。

日本はエネルギーを石油に転換して、苦しいところを乗り切って発展しましたというサクセスストーリーでは、とても語り得ない。昔の話だけでなく、今の格差社会で社会からはじき出されて、ブラック企業で死ぬほど働かされたり、ネットカフェを転々としている若者だって棄民同然です。

反近代とか近代批判とか、そういう抽象的なことは置いておいても、近代というのはそれぐらい、人間の生命に対しておぞましいことをしないと成り立たなかったのだということをあらためて思い知らされました。内田さんとは、今日は、そうした近代の日の当たらない影の部分を総括できたらいいなと……。

アメリカの近代産業を支えた「動力」は「奴隷」

内田 姜さんのおっしゃる「成長の陰に棄民あり」というのはアメリカにも当てはまることです。僕が農業の保護についていろいろ発言しているので、前にＪＡの方が意見を聞きに来られた。その取材で、「強い農業」というのは可能でしょうかと訊かれたので、不可能ですという話をしたことがあります。特に、アメリカ型農業をモデルにして、それを日本の風土に適用しようとするのは無理でしょうということを申し上げました。

それは日本とアメリカでは、農業の存立の歴史的条件がまったく違うから。アメリカという国が成功した理由は、一にも二にも安価なエネルギーを豊富に調達できたことにあります。アメリカの農業は、ご存知のように、植民地時代のプランテーションから始まります。煙草《たばこ》とか綿花とか、そういう商品作物を広大な農地で栽培するモノカルチャーですね。それが成功した理由はさらにもとをただせば、ネイティブ・アメリカンには「土地を所有する」という観念そのものがなかったからです。北米大陸全体が広大な「無主の地」だった。だから、土地代が無償だったし、面倒な権利関係もなかった。「ここは俺の土地だ」と言って、登記すれば、それで終わりだった。それがフロンティアでは十九世紀末まで続いたんです。

そして、次は労働力です。アメリカの初期農業の労働力はアフリカから連れて来られた奴隷です。

姜　アメリカはそうですね。

内田　奴隷労働というのは、まさに「ただ同然のエネルギー」です。文字通りの「棄民」ですよね。アフリカの人を、その生まれ故郷から引きはがし、その生業を奪い、言語も宗教も奪い、農園に連れて来た。そして、奴隷たちが相互支援・相互扶助のネットワークを形成しないように、意図的に出身地をばらばらにした。だから、奴隷たちは同じ劣悪な環境に置かれながら、言葉が通じなかったのです。互いに慰め合うことも、雇用環境改善のために団結することも、実力で反抗することもできなかった。奴隷というのは、人権もないし、労働法規も適用されないし、そもそも給与さえ支払う必要がない労働者です。いったん買い入れたら、死ぬまで使い放題の労働力です。それがアメリカ農業のテイクオフを可能にした。

姜　奴隷も、人権なんてない棄民ですよね。しかも移民と違って、強制的に連れて来られて、棄民に仕立てられた。

内田　南北戦争が終わった後に、奴隷制度は法的には禁止されました。でも、そのすぐ後に、今度は一九〇一年にテキサスのスピンドルトップで油田が発見される。奴隷労働という安価なエネルギー源が失われた後に、今度は「ただ同然のエネルギー源」として石油が見つかった。そして、内燃機関ベースの産業システムがアメリカで完成した。奴隷労働と無尽蔵の石油という非常に低コストなエネルギーを三世紀にわたって継続的に享受できたことによってアメリカの産業は成立した。これは世界でアメリカにおいてだけ起きた例外的な出来事なのです。

アメリカを近代化のモデルとする過ち

姜　ああ、奴隷労働の次は石油と、安いエネルギー確保のつなぎがうまくいったのですね。

内田　奴隷労働というのは人間が自分で作り出した人工的な構築物です。でも、石油の噴出というのは地質学的な出来事であって、人間の歴史とは基本的には関係がない。ですから、奴隷制度が終わった後にテキサスで石油が発見されるということがなければ、アメリカの産業構造は、僕たちが知っているものとはまったく違った形になったはずなのです。

僕たちは石油の噴出という地質学的な出来事をまるで歴史的必然であるかのように思い込んで、それを前提にして設計されたアメリカの社会制度を自明のものと見なしていますけれど、「ただ同然でエネルギーが手に入る国」をモデルにして制度設計したって、無理に決まっているんです。それがあらゆる国における産業構造のあるべき姿であって、我が国もそれを理想にすべきであるというようなことは、誰が考えたって不可能だと思うのです。

3・11の前ですけれど、まだ民主党政権のころ、民主党の議員たちと飯を食うことがあって、そのときに「内田さん、原発をどう思いますか」って聞かれたので、原発みたいな非効率で危険なもので発電するなんてもってのほかです。早く環境負荷の少ない、より安全なエネルギーに切り替えるべきですということを言ったら、ある代議士に、いきなり頭ごなしに怒鳴られてしまった。

姜　え、内田さんを怒鳴りつけたの。

内田　「あんた、バカじゃないか」と言われて（笑）。「日本のエネルギー自給率は四パーセントだよ」、と。「九十六パーセントを海外から輸入しているんだ。エネルギーを自給しようとしたら、原発以外に何があるんだ」、と。そのときは勢いに負けて「あらそうですか」と引き下がったのですけど、考えてみたらウランだって自給できないで輸入しているじゃないですか。彼は「もんじゅ」のプルトニウム再利用が技術的に実現できるという前提であぁ言ったのでしょうね。確かにそれなら自給率がもっと高くなる。「もんじゅ」は失敗して、税金だけ無駄に使って、ぜんぜん自給率は上げられませんでしたけど。

でも、やっぱりエネルギー自給率が四パーセントなら、その四パーセントのエネルギーだけでも回せる産業構造をめざすのがことの筋目じゃないかなと僕は思うんです。自給できるエネルギーの二十五倍規模の産業システムを回そうとするから、むちゃくちゃなことになって、原発のような、最終的に未来世代に膨大な負担とコストを残す危険なテクノロジーにすがりつくようになる。その結果、福島で「原発棄民」を何十万人も作り出すことになった。エネルギー自給率四パーセントの国が、それをはるかに超えた規模の経済活動を行おうとしていること自体が、むちゃくちゃな話なんです。

姜　福島第一原発の廃墟に立つと、まさにそのむちゃくちゃさを実感しますよ。

内田　アメリカのモデルなんか参照できるはずがないんです。無主の土地に、アフリカから強制的に連れて来た奴隷の労働でモノカルチャーを行って、そこに石油が湧いてきたからできたことを「近代産業とはこういうものであらねばならぬので、すべからくアメリカを範とすべし」というようなことは言えるわけがない。アメリカの産業をモデルにするという発想そのものを捨てないといけないです。

姜　今の内田さんの話を聞いていたら、あの三井財閥の團琢磨《だんたくま》を思い出しました。彼はマサチューセッツ工科大学で鉱山学を学んだアメリカ帰りなんですね。三池鉱山が政府から三井に売却された後に彼は工部省から三井に移って、港だの鉄道だの、次々と石炭産業を拡大する工事を進めていくのですが、画期的だったのは、湧水の多かった勝立坑《かつだちこう》の排水にイギリス製の大型ポンプを導入して開発を一気に進めたこと、それから、閘門《こうもん》式の三池港を築いて、石炭の積み出しの効率を格段にアップさせたことです。それまでは人力でやっていたので、生産性はかなり低かったと思います。でも彼の導入した欧米の技術で、飛躍的にエネルギーの供給量が増える。だけど、供給量が増えた分、さらに大変な人への負荷がかかっていくんですね。つまり、安い労働力をどんどん増やさないと生産が追い付かない。

内田　ええ。

姜　日本の場合は、アメリカのように降って湧いた石油がないわけですから、石炭を増産、増産でいくしかない。確か数百メートルぐらい深い立て坑《こう》を掘っているんです。この深さ、想像を絶しませんか？　僕は東日本大震災の後の福島第一原発で、小さな狭いエレベーターで十メートル下るだけで恐ろしかった。軍艦島であれが六百メートルの海底の下に入っていく様子を思うと身がすくみます。そこまで無理をしてでも何かをしようとする。もう人間の限界を超えているような気がします。

アメリカの場合は、たまさか石油が見つかって、奴隷労働の代わりにすることでブレークスルーできた。ところが日本の場合は、技術力も導入はするものの、基本的には人柱でくぐり抜けていくわけです。企業の展示場に行くと、どんなに技術力が日進月歩に変わってきたかという展示はあっても、人がどれぐらい犠牲になったかという部分は表に出ていない。まさに日本の近代を担ってきた人柱の存在が影の部分として隠蔽されているんですね。アメリカの場合だって奴隷があったし、ネイティブ・アメリカンの犠牲なくしては成り立っていない国なんですからね。

内田　移民たちもたくさん死んでいます。大陸横断鉄道なんて、「枕木一本に中国人一人」というぐらい移民労働者が死んだわけですから。

姜　そうでしょう。それがほとんど伝承されてない。そのなれの果てが今回の原発事故です。今、あの現場で働いている人たちが、十年後、二十年後に身体に異変が起きたとしても、そのフォローはまったくないでしょうね。労務管理はしっかりしてます、安全性は気をつけています、被曝量のマイクロ・シーベルトはこういうローテーションで管理しています、今は毎日おいしい食事が食べられますと、いろいろと説明を受けました。でもこの人たちが十年後、二十年後にどうなるのかは、誰もわからないだろうと思います。こういうこともアメリカの近代化をモデルにして、無理やりGDPを上げようとしたツケが回って来たということでしょうね。

内田　アメリカはそもそも国の成り立ちが特殊なのです。宗教的熱情に駆られた移民たちがやって来て、植民地に理想の福音国家を作ろうとした。初期マサチューセッツ湾植民地における市民権獲得の条件は、教会における信仰告白ですからね。

アメリカはそもそも宗教国家なんですよ。理念の上に初めからまるごと作られた国なんか、歴史上アメリカしかないです。自然発生的に生まれたわけじゃない、世にも奇怪な人工国家なのです。そんなものをモデルにして自分たちの国もそうしようと考えるのは異常ですよ。

アメリカの成功が人類を不幸にした

姜　そういうフロンティアの国だからこそ、ある意味では今のグローバル化のダイナモ（発電機）になっているんでしょうね。

内田　そうですね。だから、アメリカという国が成功したということが人類の不幸だったとも言えるわけです。アメリカがあんな風に成功していなければ、近代の世界の形って、もっと変わっていたような気がします。

他にアメリカみたいな国って世界にはないわけです。無主の土地、奴隷労働、石油という例外的なアドバンテージに加えて、二つの世界大戦で自国は戦場にならずに戦勝国になり、ヨーロッパの産業が壊滅的になった時期に世界の富をほとんど独占するということになった。こんなのほとんどミラクルですよ。その、奇跡的に成功した国を「世界標準」に採って、これに倣おうとすれば、あらゆる国は絶望的な不全感に苦しむに決まっています。

姜　それはとてつもなく大変な矛盾を抱え込んでしまうことになりますね。いつかその無理は破綻するし、実際、いろんなところで無理をしたツケが表面化し始めている。しかし、一足飛びに言えば、その無理が限界に達したという出来事が、日本の東日本大震災であり、原発事故であったと思うのですね。僕は、これが一つのリミットであるということで反転して、日本は内省的な方向に向かうのではないかと、少し思ったんですね。

内田　思いましたよね。僕も半年間ぐらいはそう思っていましたね。ああ、これで日本も変わるだろう、と。

姜　それは浅はかな夢でしたね。

内田　浅はかでした。全然ダメでしたね。日本人は結局原発事故からも災害からも、何も学習しなかった。

軋《きし》み合う大国、振り回される小国

姜　アメリカを一つの極北とした先進国が、G7を構成して、その推進役がグローバルパワーをいかに高めるかということを常に言っているわけですね。この間、アントニオ・ネグリ（イタリアの哲学者、政治活動家）が来たとき、国際文化会館のシンポジウムで対談したのです。

ネグリについてはいろんな評価もありますが、一応『〈帝国〉』とか彼が書いたものは読んではいました。彼にとってのエンパイアとは、グローバルパワーのことなんですね。それを構成しているのはG7だったり、多国籍企業だったり、NPOだったり、IMFや世界銀行だったり、要するにそういういくつかの複合体が今のエンパイアであり、帝国だと言う。

ネグリのいう帝国は、この間、内田さんが言っていた大きな文化圏を指す帝国ではなく、グローバルパワーが稼働している体制のことです。帝国といっても、意味合い的にはまったく真逆の概念ですね。

この間、内田さんが、中田考さんの言葉を引用して語った帝国とは、イスラーム圏ならイスラーム・コスモロジーというものがあり、そこに帝国的なある種のバウンダリー（境界）が出て来るんじゃないかというお話だったと思うんですね。そこから気宇壮大に考えてみると……。

内田　大風呂敷を広げましょうよ。ときどき大風呂敷で考えることって、大事ですよ（笑）。

姜　ちょっとだけ広げてみます（笑）。で、今起きていることを考えると、そういう世界のグローバル・スタンダードのアメリカと、そこに乗り入れようとしている大国の中国とロシア、この関係はいつもぎくしゃくしていてうまくいきません。これはどうしてなのか。純粋に、資本主義的な資本の論理から考えていくと、ある程度合理的に問題が解けそうなのに、それだけでは済まないものがいつも介在していますよね。地政学という言葉はあまり使いたくないですが、冷戦が終わった今でも対立関係が解けない。

これは非常に単純化して言えば、アメリカを頂点とする、ネグリの言うエンパイアと、内田さんが指摘した一定のコスモロジーを持った帝国との対立なんじゃないかという気がしているんです。その帝国同士が、どうやっても重なり合うことができない。グローバル・スタンダードをもってしても、その二つの帝国の間に軋轢が起きてしまう。

資本主義のロジックからすれば、中国のような国家が統制する社会主義市場経済というのは、白鳥の群れに黒い白鳥がいるようなものでしょう。そんな異質なものがまかり通っている。もちろん中国もIMFをはじめ、世界のシステムの中に入っていますけど、どうしてもその中に入り切れない……。ロシアも同じです。韓国は独裁型からだんだんと民主化してアメリカ型に行きそうな感じですが……。

いってみれば、世界のいたるところでネグリの言うグローバルパワーを司《つかさど》る帝国（エンパイア）と、もう一つの帝国との関係が軋みを起こし始めている。それが今のいろんな出来事の背景にあるんじゃないかと思ったのですね。

その対立関係の一番の典型がイスラームなわけですが、今のアメリカ的なグローバル化に抗《あらが》う力として、イスラーム圏以外にもいろんなところで軋みが出てきています。この異質なものを抱える帝国同士の対抗関係は、今後も続いていくと見ているんですがどうでしょうか。

アメリカモデルは失速する

内田　僕はアメリカの成長はどこかで終わると思っています。確かに、統治システムとしては非常によくできています。トクヴィル（フランスの政治思想家）の『アメリカのデモクラシー』は、アメリカは統治の仕組みが実によくできていると指摘しています。デモクラシーにおいて選挙民はしばしば統治者の選択を誤る、と。頭が悪くて、腹黒いやつが間違って統治者になる可能性がある。だから、そのことを制度設計に際して勘定に入れておいて、その「頭が悪くて腹黒い統治者」が及ぼす災厄をどうやって最小化するかにアメリカは知恵を絞っている、というのがトクヴィルの見立てでした。

これは実にすぐれた観察だったと思います。他の国はどうしても「知的で有徳な統治者が効率よく統治できる仕組み」を作ろうとする。アメリカは逆だったんです。「バカで邪悪な統治者が国を滅ぼさないようにする仕組み」を作った。建国の父たちは、その点ではイギリスの伝統である経験主義と懐疑精神を深く内面化していたと思いますね。

アメリカの統治システムの最大のアドバンテージは独裁者が出て来て、国の形を一気に変えることができないように、様々な分権システムを作り込んでいることです。その中でも一番効いているのは「カウンター・カルチャー」の存在だと僕は思います。

どんな領域でも、メインストリームの価値観や社会観を疑い、それに異議を申し立てる「カウンター」の運動があり、それを支える社会的基盤がある。

今もちょうどアメリカ大統領選挙では、民主党のバーニー・サンダースと共和党のドナルド・トランプが、まるで絵に描いたようにわかりやすく、アメリカの問題点と政策的対抗軸を可視化していますよね。いささかシンプルに過ぎるきらいはありますけれど、でも、わかりやすい。アメリカの問題がどこにあるのか、その選択肢をはっきりと提示できている。そういうことが自然にできてしまう国なんです。それがアメリカの最大の強みだと僕は思います。

そういうシステムの問題点を前景化できる仕掛けがちゃんと機能している国と、それができない国は、制度疲弊の速さが違う。今、姜さんがおっしゃった中国やロシアには、アメリカのような、自分たちの制度の問題点を対比的に可視化する「カウンター」が制度的に存在しないですね。だから、アメリカと一定期間は政治的・経済的・文化的に競合できても、どこかで息切れして脱落してしまう。「カウンター・カルチャー」を大切にする習慣のない国では、原理的にイノベーションが起きませんから。

新しい政治システムや経済システムや学術的アウトカムや文化的ソフトを生み出すのは、いつだってイノベーティブな人々であり、そういう人が育つためには、「イノベーションはよいことだ。だから、既成のモデルに対して『それは変えたほうがいいじゃないか』と言い出す人間の言い分には、まず耳を傾けるべきだ」という文化がないといけない。でも、ソ連にも中国にも、そして今の日本にも、そんな文化的基盤はない。今それらの国では、権力と財貨と文化資本を独占している少数集団は自分たちの自己利益が今後もますます増大することしか考えていない。少数の指導層に排他的に国民資源が集中するような仕組みを作ることにしか関心がない。そんな社会でイノベーションが起きるはずがない。「イノベーティブである」というだけの理由で芽のうちに潰すというルールがもうできてしまっているんですから。だから、ロシアはもう伸びしろがないし、中国の成長ももうすぐ止まり、日本はもうとっくに止まっている。でも、今のロシアや中国や日本政府に向かって、アメリカのように「カウンター・カルチャー」を社会構造にビルトインした仕組みを作るようにしてみたらと言ってみても、できるはずない。そんな文化がないんですから。

でもロシアも中国も脱落してしまうというのは、我々にとっては、決して望ましい事態じゃないです。そうすると、またアメリカが究極の成功モデルだという話になってしまう。そして、アメリカは右肩上がりに経済成長し続けることを国是としている仕組みなので、アメリカを成功モデルにすると、それを模倣するしかなくなる。アメリカが勝てば勝つほどアメリカモデルが支配的になってくるけれど、アメリカじゃない国は逆立ちしてもアメリカにはなれないので、どの国もどんどん不全感に苦しむようになる。

国民国家というのは、一つひとつ持っている文化の厚みも天然資源の豊かさも、国力が違うわけです。それを同じ条件で競争させても無理なんです。その無理をやっているせいで、どの国もどんどん傷つき壊れ始めている。

でも、いずれアメリカはどこかで失速する。相対的には優勢ではあるけれど、もう世界を覆い尽くすほどの力はない。そういう「過半数を制していない、議会内第一党」というようなポジションにいずれ落ち着くと思います。それくらいのレベルにまで国力が衰えてくると、アメリカモデルの異常に強力な指南力は弱まってくる。そうなれば、それぞれの地域やそれぞれの国が、これまでのような正気を失ったラットレースを止めて、立ち止まって、自分たちがこれからどうやって生き延びればいいのか、その方途を自力で考え始めるようになる。そう思います。

姜　本当にそうですね。急進的なエンパイアのシステムがスピードダウンすれば、国同士の軋轢も減るし、グローバル化によって棄民にされた人々の数も減ってくるでしょうね。

内田　中国では今、大気汚染やインフラの崩壊や底なしのモラルハザードなど社会問題が起きていますけど、ああいう問題が噴出するのも、経済成長をこのペースで持続しなければならないという「あり得ない条件」で突っ走っているからなんです。速度の設定が間違っている。無理を承知で急成長を続けているのは、成長が止まったとたんに統治システムに対する不満が噴出することがわかっているからです。だから、金儲け優先を止められない。もっとゆっくりと制度的な破綻を修正しながら、システムを延命させる手立てを探っていれば、あれほどの環境破壊や圧政は起きていないと思うんです。あり得ない成長速度を無理やり設定して、その負荷がすでに国力の限界を超え始めている。ですから、姜さんがおっしゃったように、最終的には人間の生身が生み出す労働価値に依存して、国民を組織的かつ徹底的に収奪して、それをGDPに換算するというやり方にしか至り着かない。

でも、それは中国だけじゃない。日本だって結局は中国と同じで、国民を収奪し、弾圧し、私権を制限し、生身の人間のもつ潜在的な資源を搾り尽くすことで、絶命しかけているグローバル資本主義を延命させようとしている。安倍政権を財界が圧倒的に支援するのはそのせいです。もう強権的な政治によって、市民的自由を制約し、福祉や医療や教育の予算を切り下げ、賃金を引き下げ、消費行動を画一化するという「亡国のシナリオ」以外に、グローバル資本主義が延命する道がない。国民を再生産不可能になるまで収奪しないと、もう経済が回らない。そこまで来ている。

姜　ええ、どの国も本当に国民を搾り尽くしている感じですね。

第五章

シンガポール化する日本

一望監視施設。Panopticon

日本のシンガポール化

内田　成長し続けるような余力は日本にはもうありません。成長し続けたかったら、中国のように強権的な政治にして、市民的自由を制約して、「選択と集中」戦略で少数の富裕層に国民資源を全部付け替えてゆくしかない。あるいは、シンガポール化、北朝鮮化といってもいいと思います。

でも、こんなことを続けていれば、行く末は見えています。本来なら、国民が二百年、三百年と使い延ばすための国民資源を、当期の利益だの四半期の売り上げだの今の株価だのということのために流し込んで、短期間で溶かしているんですから。国民資源の中には、大気や海洋や森林のような自然環境もあるし、交通網や通信網やライフラインのような社会的インフラもあるし、司法や医療や教育のような制度資本もありますけれど、どれも生身の人間が日常の生活を営むためになくてはならぬものです。でも、経済成長の余地がないとなると、その「生身の人間が日常の生活を営むためになくてはならぬもの」を商品化したり、株式市場に投じたりするしか手立てがない。年金を株に突っ込むなんて、もう正気の沙汰ではないとしか言いようがない。

姜　それで、どれだけ損しているかも、国民にディスクロージャーしませんからね。

内田　彼らを追い立てているものは、焦燥感ですね。

姜　ええ、なんでも短期に結果を出さないとダメですからね。悠長に構えていたら、バスに乗り遅れる。それがグローバリゼーションの鉄則、選択と集中ってやつです。

内田　本当に自転車操業なんだと思います。走り続けないと国が倒れてしまうという、そういうモデルをわざわざ作ってしまった。

そうすると、もうこの速度を維持するためには、政治的には独裁しか手立てがない。それは経済合理性から導かれる自明の結論です。共和的な合意形成手続きや、分権の仕組みでは、この速度を維持できない。速度を維持するためには、全権を官邸に集中させて、司法府も立法府も行政府の指示に従う仕組みを作るしかない。ビジネスマンの中にはそう信じている人がいくらもいます。もしかすると過半数がそう信じている。金儲けのためには立憲デモクラシーは邪魔なんです。だから、改憲したがる。このまま次の選挙で自公が勝てば、緊急事態条項から改憲に持ち込む可能性があります。自民党改憲草案のようなものが通ってしまえば、もう立憲政治はおしまいです。だって、新設の第九章を見ると、緊急事態を宣言すれば、法理的には未来永劫《えいごう》総理大臣に全権が委任される制度なんですから。彼らはシンガポールや北朝鮮のような国にしたいのです。

ビジネスマンだって、それなりに今の世界情勢については危機感は持っていると思います。でも、生まれてからずっと経済成長モデル以外に知らない。それ以外のオルタナティブがあり得るということを考えたことさえない。だとすると、成長し続けるためにはとりあえずシンガポールをモデルにするしかない。治安維持法で反政府的な人間を令状なしで逮捕拘禁できるようにする。反政府的なメディアはすべて潰す。労働組合も潰す。「金儲け」に直結する以外の学術には公的支出をしない。全国民が「経済成長」という国是のために一億総活躍するシステムを作る。そうやって金儲けのしやすいビジネスの環境を作って、世界中から資本を呼び込んでくる。安倍政権の当面の政策が向かっているのは、その方向ですよ。

姜　巨大なシンガポールですね。

内田　ええ、巨大なシンガポール。ただ、日本がシンガポールと決定的に違う点があるんです。それは日本には豊かな自然資源があることです。日本は国土の六十八パーセントが森林ですし、水も豊富だし、土地も肥沃だし、海からの風が吹いて大気も清浄です。それに比べて、シンガポールには水がない。マレーシアからパイプラインで買ったり、下水を再生処理したりしているのです。農地もない。自然資源が何もない。でも、それがむしろシンガポールの強みなのです。国土が広くて、豊かな山河があれば、中央政府がどれほど強権を発動して国民を締め上げても、田舎に逃げることができる。日本では今若い人たちがどんどん都市を逃れて、里山に逃げていますね。そこで農業を始めたりしている。シンガポールにはそういうオルタナティブがない。逃げる先がない。そこが日本とシンガポールの最大の違いです。日本をシンガポール化するときの最大のネックはそこなんです。里山があること。

姜　そういう田舎回帰の動きはかなり出て来ていますね。だけど、豊かな資源があると独裁政治がやりにくいという発想、おもしろいですね。強権的な政治を効率よくやるためには、人口を都市部に集中させなくてはいけないということですか。

独裁者は郷土を荒廃させる

内田　そうです。シンガポール化政策の最大の障害は日本のこの豊かな自然なんですよ。だから、シンガポール化をめざす人たちは自然を破壊して、里山を居住不可能にする政策を積極的に展開していますでしょ。

「里山を居住不能にする」というのは安倍政権の非常にわかりやすい政策の方向だと思います。そうしないとシンガポール化できませんから。全国民が都市部に居住して、賃労働をして、生きるために必要なものはすべて市場で商品として購入する仕組みにすれば、GDPはなんとか維持できる。そのためには、都市部で賃労働する以外には「生きてゆけない」という仕組みを作らないといけない。

例えば、福島の原発による国土汚染の問題でも、安倍政権はあまり気にしている風がないですよね。あれは実際には国土を喪失しているわけですよ。尖閣《せんかく》とか竹島どころじゃない。巨大な国土が居住不能になったわけだから、本来なら頭を抱えて悩んでいいはずなのに、みんなけろっとしている。その後も原発再稼働を進めていますけれど、活断層の上にある原発を、わざわざ安全性に問題のある仕方で稼働させるというのは、無意識的には「事故が起きても構わない」と思っているからです。原発事故があと二、三回も起きれば、国土の半分は居住不能になる。そうすれば、もう都市を逃れて里山で暮らすというようなオルタナティブはなくなる。そうなれば、日本も晴れてシンガポール化する。原発再稼働推進派の人たちは、無意識には国土の汚染を歓迎しているんだと思いますよ。でも、国土の保護って、本来は統治者の最優先課題じゃないんですか。経済成長より山河の保全でしょ。

姜　そうです。原発事故で人が住めない廃墟にしたわけですから、まさに国土喪失です。

内田　ＴＰＰでも、小規模の農業が壊滅するのは目に見えているけれど、今の政権はまったく気にしていない。農業がダメになれば、当然、地方の居住不能エリアがどんどん広がってゆく。もう都市部以外では暮らせないということになる。そうやって地方の人口が首都圏に集まって来れば、経済的には大変歓迎すべき事態なわけです。たとえ人口減で、日本の人口が七千万、八千万になっても、それが首都圏に全部集まって、それ以外の土地は無人ということになれば、経済成長は理論上は可能ですから。

姜　韓国が今、そうなりつつあります。

内田　そうなんですか。やっぱりね。今、「地方創生」というスローガンを掲げていますけれど、僕はあの政策の実体は、里山を居住不能にすることだと見ています。地方創生の目玉が「コンパクトシティ構想」なんですけれど、これは地方都市の駅前に集合住宅を作って、そこに住民を集めてコンパクトな経済圏を作るというものです。そうすれば、限界集落や準限界集落は潰せる。今だとそういう人口のない地域でも、道路を通したり、バスを通したり、ライフラインを通したりしなければいけないけれど、コンパクトシティにみんな移住すれば、里山は居住不能になる。都市を離れて田舎で農業をやりたいという人は、今は公共交通も利用できるし、電気も点《つ》くし、パソコンも使えますけれど、里山へのインフラ配備は費用対効果が悪いから停止するということになれば、暮らすことが困難になる。『北の国から』（一九八一～二〇〇二年放映のテレビドラマ）のように、井戸を掘って、ランプで暮らす覚悟がないと、都市部を離れることができなくなる。

その「無駄な」インフラに投じていた税金で駅前に高層ビルを建てて、そこに集合住宅を作り、医療や教育などの行政サービスを集中させれば、住民は便利だし、効率的な経済活動もできる。そういう話です。でも、こんなの幻想だということは誰にでもわかる。だって、そうやって集められたコンパクトシティの住民たちは生産現場である農地から引き剝がされた純粋な消費者でしかないからです。住民たちが高齢化して、死に絶えたところで、彼らの消費活動に支えられていたコンパクトシティも存在根拠を失い、そのまま廃墟になる。多分、三十年も保《も》たないと思いますよ。

姜　田舎の人々の生活の場も、働く場もすべて取り上げてしまう。それは人工的に棄民を作り出しているのと同じですよね。廃墟と棄民を作り出している。僕もＴＰＰの本質はそこにあると思いますよ。

内田　そうです。農地も森林も、すべて放棄されて、広大な無住の荒廃地ができる。鳴り物入りで作られた地方のコンパクトシティが廃墟になった後、最終的に人間が住めるのは都市部しかなく、雇用は賃労働しかなく、生活必需品はコンビニで買うしかなく、娯楽は人工物しかないという状況になる。人口が一億を切った後も経済を回そうとしたら、人口を都市部に集めるしかない。そうすれば労働者の雇用条件も劣化するし、消費活動も定型化するから、企業としては人件費コストが切り下げられ、利益率は向上する。僕が今、総務省の役人で、「人口減少社会でどうやって経済成長するか、何か案はあるか？」と上司に訊かれたら、「地方の里山を居住不能にするのが一番手早いと思います」というレポートを書きますね。それくらいのことはある程度の頭が働く人間なら、誰でも思いつきます。

姜　そのほうが管理しやすいですしね。一億総難民、あるいは一億総棄民。富裕層との格差の非対称は圧倒的になりますね。

内田　みんなが軍艦島のアパートみたいなところで暮らしていれば、管理コストも最小化できますしね。

姜　あの軍艦島の高層アパートのヒエラルキーが再来するんですか。廃墟が未来に待ち受けているんですね。というか、その現象はもう福島で起きていますからね。

内田　未来は廃墟ですよ。でも廃墟にする以外に経済成長する手はないといっていい。だって無理でしょう。日本が持っているエネルギーの実力では経済成長できないわけですから。

姜　昔、大平内閣のときは、田園都市構想なんていうのが言われましたね。

内田　そんなのありましたっけ。

姜　ありましたよ。あのときはまだ日本に余力があったときで、大平正芳《まさよし》が地方創生ということで七〇年代末に言っていたことですけれど。国土政策を経済成長だけに向けず、都市部と地方との経済的格差を縮小して、風土や文化面をもっと充実させようというようなね。四季があり、緑の多い日本のよさを国民が享受できるような国作りをしようという構想だったようですが、あのころはまだそうした牧歌的な話ができたんですよね。

大平正芳はそういう意味では本気で地方創生を考えていたと思うんですが、今の与党は、口を開けば、シンガポール、シンガポールと言いますよね。カジノのことも含めて、彼らは、シンガポールをユートピアみたいにいいますが、あそこは「一望監視施設」都市国家のようなものです。見えない監視網が張りめぐらされている。国民を背番号で監視している。日本も躍起になってマイナンバーを義務化しようとしていますが、これは確実にシンガポールをモデルに考えていますね。僕もシンガポールに一回行ったことがあるけど、こんなところに長くは住めないと思った。

シンガポールの暗部を描く若き映画人たち

内田　盛田茂さんという方が『シンガポールの光と影』という本を書いています。盛田さんはビジネスマンとしてシンガポールにいらしたんですけれど、シンガポールの映画を中心に、今のシンガポールの実情を分析した。今、シンガポール映画界では若い世代の映画監督たちが登場して、彼らがシンガポールの暗部を勇敢に描いているんだそうです。

姜　そんな映画を製作すれば、当局からすごく厳しい検閲とか制限とか受けそうですけど。

内田　そういうこともあるんでしょうね。でも、「クリーンシティ」のイメージを維持するために隠蔽されている「影のシンガポール」を若い世代は描こうとしている。それはこの「影の部分」が自分たちのリアルな生活空間だという実感が彼らにあるからなんです。シンガポールなまりの英語方言のことを「シングリッシュ」と言いますけれど、エリートたちの使う標準英語ではなくて、シングリッシュが共通語である階層の人々の生活がそれなりの厚みとリアリティを獲得したということです。

姜　それはある意味、独裁体制に対抗したカウンター・カルチャーですね。でも残念ながら、そういう動きはあまり世界には知られていませんね。僕も初めて知った。

内田　知られていないですね。シンガポールは、一九六五年に人工的に作られた都市国家ですけれど、さすがに建国から半世紀が経って、シンガポール固有の土着の文化、ヴァナキュラーな文化が生まれて来ている。治安維持法で政治的に抑圧されて、経済成長だけが価値とされた国の、メインストリームからはじき出された人たちの、カウンター・カルチャーが生まれて来た。シンガポールの「影の部分」から、すごく文化的にインパクトのある作品が出て来そうで、僕は期待しています。

姜　それはちょっと救いというか、希望ですね。しかし、僕はなんで日本が大きなシンガポールになろうとしているのか、理解できませんね。シンガポールも貧困層との所得格差、教育格差があるはずで、日本もそれが相当顕著なことになって来ている。日本の近代のエネルギーの後の連載で、格差に焦点を当てるということで、この間、東京都の港区に行って来たんです。港区にも、郷土資料館があるんですよ。

内田　へえ、そうなんですか。

着々と進むシンガポール化構想

姜　そこへ行った目的は、港区の所得調査です。今、日本で一人当たりの所得が一番高いのが港区なんです。納税者の平均所得が大体一千二百万円くらい（二〇一四年度）と言っていました。

内田　すごいですね。

姜　港区は、ベストです。そしてワーストが、僕の地元の熊本にある。日本で一番所得の低いのは、僕の故郷の熊本県にあって、沖縄より低いんですよ。人吉・球磨《くま》地方で、球磨川を背骨にして、球磨村という人口四千人を切っている集落がある。この村の平均所得が、正確には覚えてないけど二百万を下回っているんですね。

内田　一人当たりですか。

姜　一人当たりです。大体、港区の五分の一か六分の一。これは、いわゆる第三世界の国の平均所得になりますよね。もちろん物価、あるいは土地代が高いということもあると思いますが、国内で大体六倍の差がある。それを知って、そこの人々がどういう暮らしをしているのだろうと興味が湧いて、その球磨村に行って来たんです。行ってその住人たちに聞いてみると、ほとんど現金収入がないんですよ。ただし、みんな棚田を持っているので、自家栽培ができる。球磨川は日本三大急流に選ばれているし、村も「日本で最も美しい村」連合に名前を連ねている。

この地域にはシカとイノシシも多く生息しているので、狩猟で食っている人もいっぱいいて、動物性たんぱくも潤沢にある。球磨川では、アユもたくさんとれる。それから入会地《いりあいち》のような、いわゆるコモン（共有地）がいっぱいある。確かに村民の高齢化は進んでいますが、周りのコミュニティ機能はかなり働いていて、必ずしも困ってない。でもワーストということで、最近注目されて、どんな村だろうと訪れる人がけっこう多くなってね。球磨村では、そのワーストを逆手にとって、今、観光事業に力を入れようかということらしいのですが。

内田　そうなのですか。

姜　まだこういう地方が日本にあるのだなと思って感慨深かったのですが、ここの経済においては、交換価値ではなく、まさしく使用価値のほうがはるかに優位に立っている。でも、都心部に比べると、確かに教育面では遅れていて、なかなか子どもたちが居つかない事情も抱えています。おっしゃる通り球磨村は何十年か後には、おそらく人口は激変するかもしれないけれど、今の村民が実現しているような自生的な暮らし方を持続させることができれば、生き延びるチャンスはあるんじゃないかと思ったんですね。

内田　そうですね。その芽はあると思います。

リベラルの弱点は根っこにある成長神話

姜　しかし、日本のシンガポール化は確実に進む方向にある。この美しい球磨村も、将来、そのままの姿で存続できるのかどうか。じゃあ、そうなったとき、あるいはそうなる前に、今の強権的な成長路線に抗う力をどこに見出せばいいのか。最近よく思うのは、どうしてリベラリズムがこんなに無力になったんだろうということです。括弧つきのリベラルですけれどね。今の強権的な成長路線には、括弧つきのリベラリズムでは対応できないんじゃないか。むしろその存在が障壁になっているとすら思えるんです。

球磨村の体験施設のリーダーといろいろ話しましたが、この人は東京に出ていって結婚し、子どもたちを育てて、離婚して、五十代で戻って来て再婚し、新たな人生を歩み始めている人です。彼はここが自分の故郷だから、ここで第二の人生を出発すると、メディア戦略を含めて、村のある種のサバイバルをやろうとしているんですね。僕にはこういう人たちのほうが余程リベラルを体現しているように見えるんです。

これまでのいわゆる戦後日本の市民主義的な動き、例えば、松下圭一さん（政治学者）の市民自治を唱えたシビルミニマム論とか、検証すべきものもあったけれど、今の状況を突破するブレークスルー的な存在にはなり得ない。そのあたりは内田さん、どう考えますか。

内田　リベラルが無力なのは、左翼が伝統的に成長論者だからだと思います。マルクス以来、生産力と生産関係の矛盾によって革命的変化が起きるという話形が採用されている。ですから、経済成長は階級闘争の前提条件なんですよ。革命家たちって、機械化とか工業化とか大好きでしょう。「ソホーズ、コルホーズ」とか「大躍進」とか。左翼リベラルの弱さというのは、「成長しないと幸福になれない。成長が続かないと階級闘争に勝利できない」という信憑を抱え込んでいることにあるんだと思います。だから、リベラル派はグローバリストに「成長戦略の対案があるのか」とすごまれると、もごもごと口ごもってしまう。そういうんじゃなくて、もっと持続的に成長できるような、もっと人道的な、お手やわらかな成長戦略でいかがでしょうか……というようなことを言うから、「何をお花畑なことを抜かしているんだ。そんなちゃらちゃらした成長戦略で生き馬の目を抜くグローバル資本主義を生き残れるか！」と一喝されてしまう。
人口減の日本にもう成長する余地なんかないんだから、成長戦略について語るなんて無駄なことなんですよ。それより成長しなくても愉快に生きていけるための戦略を考えましょうということを申し上げているんですけどね。

姜　リベラルの人は、なかなかそこまでは言いませんね。借金はどうする、日本の企業はどうなる、日本が破綻してもいいのかと、突っ込みどころ満載でしょうから。

定常経済への移行が未来を救う

内田　もう定常経済に移行するしかないと僕は思っています。ゼロ成長でもマイナス成長でもいいじゃないですか。問題はどうやって「成長しない社会」にソフトランディングしていくのかです。

今の日本のシステムは経済成長を前提にしています。経済成長が止まると同時にすべての社会制度が崩壊するように作り込んである。その点では本当に脆弱《ぜいじゃく》なんです。でも、実際には七万年前から人間は経済活動をして来たわけです。そして、そのほとんどの時期は個人のレベルでは、生まれてから死ぬまでほとんど生産の形も交換の形も変わらない定常経済だった。年率何パーセントの成長なんか、人類は産業革命までは見たことがなかったんですから。それなら産業革命期以前の人類は不幸だったのかと言えば、僕はそんなことは言えないと思います。貨幣の多寡で人間の幸福は計れない。

年収という指標で見ると、球磨村は港区の六分の一かもしれないけれども、球磨村では、サービスや財の交換は活発になされている。ただし、それは市場を経由しない、貨幣を使わない経済活動ですから、今の基準ではゼロ査定される。でも、実際に球磨村でやりとりされているサービスや財貨を港区に持って行って、これを市場で商品として購入しようとしたら、どれほどの代価を要求されるかわからない。庭から美味《おい》しい湧き水が出て来るとか、裏山で松茸《まつたけ》が採れるとか、そういう豊かな環境そのものは商品としてモジュール的に切り出すことができない。商品にしてもいいけれど、港区でその環境をまるごと買おうと思ったら天文学的な代価を要求されるでしょう。

凱風館は構成員二百人くらいの共同体です。これだけのサイズでも、十分に多様な知識、情報、技術、サービスが交換されます。むろんどれも貨幣を介在させない非市場経済活動です。だから、僕たちがここでどれほど活発な経済活動を行っても、それはＧＤＰにはカウントされない。この共同体は何も生み出してない、何も価値を創り出していないと査定される。でも、それはおかしいと思うんです。人間が経済活動としてやりとりしているものはすべてが貨幣で値が付けられるものだけじゃない。人間が生きて行く上で本当に必要なもののほとんどは商品という形態をとらない。だから、商品の動きや株価やＧＤＰだけではその社会に暮らす人間がどういう生活を送っているのか、その厚みや奥行きを考量することはできないのです。

姜　そう、お金を使わない交換なんだね。これは精神衛生的にもすごく居心地がいいのですよ。貨幣経済にある損得勘定がほとんど入って来ないから。お互いに必要に応じて、様々な価値のものを交換し合える。そしてその使用価値も高いのですね。

内田　マーケットで商品として買おうと思ったら、大変高額なサービスでも、相互支援共同体内部だと、「ちょっとお願い」で済む。その代価は別の機会に、別の形で、誰かの「ちょっとお願い」に応えることで相殺される。そういうネットワークも立派な経済活動だと思います。

姜　ある種の互酬性があるわけですね。

内田　そうです。そういう互酬的な共同体ではあまりお金を使わないで済む。多分、数千人規模の共同体を作れば、ほとんど貨幣を使わないでも、普通の都市生活と同じレベルの経済活動ができると思います。この間も話が出たんですが、電力のような基本的なエネルギーは、数千人ぐらいの共同体があったら、そこで発電をまかなえるんですね。

姜　柄谷行人《からたにこうじん》さん（哲学者）は、共通の目的を持って集まったそういうコミュニティを、ネーションﾞ国家を超えた「アソシエーション」と言っていますね。

内田　僕なら「アナーキズム」と言いますけどね。アナキストたちがもともと構想していたのは、国家の干渉を排した相互扶助共同体ですから。

姜　なるほど。まあ、そうした小さな島宇宙みたいなものがそこでコンパクトにでき上がって、それが多方向にリゾーム的につながっていけば、やっていけそうな気がしますね。この目で球磨村の健闘を見て、僕もそう思いました。

内田　ええ、そう思います。金融とかＩＴとかバイオとかで、ひりひりするような、ブリリアントな経済活動がしたいという人はもちろんいるわけですし、そういう人たちはしたいことをおやりになればいいと思う。みんながみんな相互扶助共同体でしみじみやってくれなんて僕は言っていません。そういう生き馬の目を抜く激烈な経済活動をしている社会の周辺部に、穏やかな非市場＝脱貨幣的な互酬的な共同体があってもいいじゃないですかと言っているだけです。

現に、その中でも活発に交易は行われているわけで、別にカスミを食って生きているわけじゃない。僕は、社会は多様な経済形態が共生しているほうがいいと思っているんです。だから、誤解して欲しくないのですけれど、社会がすみずみまで互酬的な共同体で埋め尽くされたりすることを望んでいるわけじゃない。

姜　全部がそうなるのは、ちょっとね……。

内田　社会全体が互酬的な共同体だと、息苦しくって、それはそれでたまらんです。僕は全部が均質というのがとにかくキライなので。

姜　一色に染めるのは無理があるし、いろいろあるほうが健全ですよ。

内田　ですよね。貨幣を超高速で回して経済活動をする境域もあるし、貨幣は最低限しか用いないで交易する共同体もあるし、貨幣なんかぜんぜん介在しない相互扶助共同体もある。経済活動もいろいろ、ということでいいんじゃないですか。サイズも機能も違う様々な共同体が、それぞれ固有の歴史的背景や地理的条件に基づいて最適モデルを選択する。僕はそれがいいと思うのです。

金融商品の売り買いをぜひしたいという人に「止めろ」というような無体なことは僕は言いません。バクチが好きで、あのひりひりする感じがたまらないんだという人は止められない。それほどやりたいなら、おやりになればいい。でも、それを人に押し付けないで欲しい。国民全員がバクチをやるべきだとか、国民資源をまるごと株式市場に突っ込むとか、そういうことはやめて欲しい。僕はそういうのとは違うオルタナティブな経済活動を手作りしたい。そういう自由も認めて欲しいと言っているだけなんです。慎《つつ》ましい要求だと思うのですけどね。

ただ、歴史的必然として、グローバル資本主義は衰微して、定常経済に戻る。文明史的にはこのトレンドは不可避だと思います。どれくらい時間がかかるかはわかりませんけれど、定常経済に戻ることは間違いないです。

姜　そうなればいいなと思いますが、強権的にやりたい人は、そういう共同体を無理やり資本のシステムの中に組み込もうとするでしょうね。

内田　「それじゃGDPが増えないじゃないか。お前は経済成長を阻止する気なのか。非国民め」とか言って青筋立てて怒る人が出て来るでしょうけどね。

実は存在しなかった「戦後民主主義」

姜　最近ある人が、「姜先生、戦後民主主義ってあったんでしょうか」と僕に言ってきて、はたと考えてしまいました。戦後民主主義ってなんだったのかと。

戦後民主主義の遺産は、ある程度は継承されているとは思うのですが、じゃあ今、なぜあんな「反知性的」な政治家がのさばっているのか。戦後民主主義がここまで弱ったのは、結局どこかで、市民生活が右肩上がりに行くよという、その幻想の上に乗っかってやっていたからだと思うのですね。平和、成長、豊かさ、それが三位一体になっていたから、平和はいいね、儲けられるし、豊かになるしと、民主主義を礼賛して来た。

ところが、その図式が成り立たなくなっても、すがりつくところが一緒なわけです。やっぱり成長がいいねと、強引にそこに向かっていくような人たちが、今のさばっている。そう考えると、本当に戦後民主主義なんてあったのかと思えて来る。

内田　なかったと思いますね。

姜　どこでそう感じますか。

内田　民主主義という制度そのものはあります。戦後できました。でも、制度はできたけれど、それを運用しようとした人たちは全員が「民主主義を知らない大人たち」だった。軍国主義の時代に大日本帝国の臣民だった人たちがそのまま戦後民主主義の時代に横滑りした。それも自分が望んで手に入れたものじゃない、身銭を切って獲得したものじゃない。日本の民主主義はどうあるべきかということをろくに考えたこともない人たちが、ある日できあいのパッケージとして民主主義の制度を手に入れた。その使い方を子どもたちに教えなきゃいけなくなった。

でも、知らないものは教えられない。とりあえず子どもたちに気前よく権限移譲しようということになった。

民主主義の時代なのだから、子どもたちに「君たちのことは君たちが自分で決めていいんだよ」と権限を渡した。でも、どうやって民主的な組織を運営してゆくのか、そのノウハウは教えてくれなかった。「民主主義って、どうやってやるんですか？」という質問にちゃんと経験的に答えられる大人なんかあの時代にはいませんでしたから。制度はありました。生徒会でも児童会でも制度はあった。でも、僕たちはどうしてこんな制度があるのか、その理由を知らなかったし、使い方も知らなかった。

姜　確かにそうですね。軍国主義の時代を生きて来た僕らの親の世代が、民主主義を次の世代に教えようがない。体験してないんですからね。

内田　例えば、僕は高校生になるまで議事法というものがあることを知りませんでした。高一のときに生徒総会の副議長に指名されて、議長の先輩から、「明日までにこれ読んどけ」と言って『議事法』という薄い本を渡された。こんなものがこの世にあるのかって、びっくりしました。それまで動議という概念を知らなかった。議事法を読んだら、いろいろなルールが書いてある。でも、これは頭で考えて作ったルールブックじゃないんですよね。合意形成に至るために様々な困難に遭遇した先人たちが、そのつど「じゃあ、こういう場合はこうしよう」と作ったルールなんですよね。だから、ルールに血が通っている。

議事法のことを思い出したのは、去年（二〇一五年）の夏の国会議事堂前のデモのときです。国会内部の特別委員会では安保法制の採決で議員たちが怒鳴り合ったり、殴り合ったりして、早く採決しろ、対案がないならこれで行くぞと強行採決に雪崩《なだれ》込もうとしていた。その同じとき、国会の外側では、若者たちが、「憲法を守れ」、「立憲デモクラシーを守れ」と声を上げていた。「そんな簡単に結論を出さずに、もうちょっと議論を続けませんか」ということを訴えていた。これは議事法でいうところの「延会の動議」なんです。

姜　ああ、そうか。国会内で採決の動議がなされているとき、デモ隊が延会の動議を出したということですか。

内田　そうです。議論が紛糾したときに、誰かが「もうこれ以上議論しても無駄だ。採決しよう」と言って提出するのが「採決の動議」。それに対して「いや、まだ十分に議論を尽くしているとは言えない。もうちょっと話し合いを続けましょう」というのが「延会の動議」です。そして、議事法によれば、採決の動議と延会の動議が出された場合には延会の動議が優先的に審議される。「すぐに決めろ」と「ちょっと待って」では、「ちょっと待って」という動議の可否を論じるほうが優先する。僕はこの議事法の規定は「血が通っている」と思いました。民主的な議論の長い歴史の中で、経験知に裏付けられてできたルールだと思いました。

そして、SEALDsの諸君は、多分それと気付かずに、国会内部での「採決の動議」に対して国会外から「延会の動議」を提出していた。そのときに、彼ら自身は気付いていないのだろうけれど、民主主義の経験知の一部が彼らの中には血肉化しているということがわかりました。「個体発生は系統発生を繰り返す」という説がありますけれど、彼らを見て僕はそう感じた。

民主主義の長い歴史の中で蓄積された経験知を二十歳そこそこの若者たちが自分の生活実感として手に入れている。誰かに教わったわけじゃなくて、「私はなんとなくこう思うんだけど」と自分の言葉で民主主義の最良の叡智《えいち》の一部を語っていた。そのときに、戦後民主主義は七十年経って、ようやくこの世代において「受肉」したのだなと思いました。あらためて感慨深かった。

姜　戦後なかった民主主義の萌芽を、デモ隊の若い世代に見たわけですね。若い人たちが先導して声を上げていましたからね。

内田　戦後七十年経って、ようやく民主主義の本質を、誰にも教えられず、自力で獲得した世代が登場した。もちろん国会外からの「延会の動議」は国会内部では一蹴されてしまったわけですから、民主主義が日本社会に根付いたとは言えないと思います。けれども、外来の民主主義の種でも、日本に移植されて三世代も経つと、いつしか日本の土壌となじんで、そこに根付いて、日本独特の「民主主義の花」が咲くということがある。その歴史的文脈を俯瞰したような思いがしました。

アングロサクソン圏の「リベラル」の行方

姜　その意味では、戦後なかった日本の民主主義が、安保法案決議の闘争で、少しだけ垣間《かいま》見られたということですね。内田さんの議事法の話もそうですが、民主主義であるには、やはり平等ということが大きな支えになりますよね。

最近の動きを見ていると、アメリカの大統領選では社会主義者のバーニー・サンダースが信じられない躍進ぶりを見せているし、イギリスの労働党のジェレミー・コービンもかなり支持されている。コービンはサンダースよりさらにラディカルに新自由主義にノーを突き付けています。しかし、よりによって、先陣切ってグローバル化を進めて来たイギリスとアメリカに、左派の強い対抗軸が出て来た。

内田　カナダ首相のジャスティン・トルドーもリベラルですね。つまり、アングロ＝サクソン圏に左派・リベラルの政治家が集中的に出て来たことになる。

姜　ちょっと前には考えられませんでした。ただいずれにせよ、イギリス、アメリカ、カナダにもこういう現象が出て来て、今回民主党のサンダースが、万が一にも当選するようなことがあると……。

内田　いや、万が一ってことありますよ。ジミー・カーターだって大統領になったし。

姜　まあ大統領選の予測は置いといても、ただ間違いなくこうした民主社会主義やソーシャリズムの存在が、はっきりと人々に認知され始めたという感じがするのですね。我々の社会だって、過去二十年間くらいは、「社会主義です」というと、バカにされることが多かったじゃないですか。

内田　「サヨク」とか、片仮名で書かれてね。それ自体が冷笑の対象だったでしょう。

姜　かつて六〇年代、七〇年代は、右翼というとバカにされたけど、今はまるで逆転しているわけです。だから今、何をもって社会主義というのか、そこは見極める必要があると思うのです。少なくともイギリスとアメリカで、社会主義を唱える有力な政治力が出て来たことは間違いないですしね。

内田　僕は、アメリカにはもう少し社会主義が根付いていてもよかったし、根付いたはずだと思うのです。アメリカ社会党の創建は一九〇一年、アメリカ共産党は創建一九一九年ですから、中国共産党の一九二一年より前という老舗です。日本共産党が一九二二年ですから、それより古い。中核メンバーはもちろんヨーロッパからの移民たちです。マルクスの時代にヨーロッパの労働運動は様々な弾圧を受けていましたから、活動家たちは東から西へ逃げた。マルクス自身もドイツからフランスに逃げて、フランスからベルギーに、さらにイギリスに逃げた。

当然、イギリスからさらにアメリカに渡った活動家は山のようにいたわけです。パリ・コミューン（一八七一年に普仏戦争敗戦後のパリで、労働者階級を中心とする民衆が樹立した世界最初の社会主義政権）の老闘士とか、第一インターナショナル（欧州の社会主義者が一八六四年に設立した世界初の国際的な政治結社）の草創期のメンバーとかがアメリカにはいたわけです。もともとヨーロッパよりも政治的自由のあった土地ですから、そこに社会主義運動が広がらないはずがない。

実際に二十世紀はじめにはアメリカ社会党は下院に議員を送り込んでいます。そのまま順調に推移していれば、イギリスやフランスのようにアメリカ共産党が下院に議席を持つ可能性だってあったかもしれない。でも、アメリカにそうした健全な成長が起きなかったのは、僕は

「属人的」な理由があったからだと思っています。

姜　属人的な理由ですか。それは……

内田　ジョセフ・マッカーシー（レッドパージを行った共和党上院議員）とJ・エドガー・フーバー（FBI：アメリカ連邦捜査局の初代長官）です。

姜　やっぱり、その名前が出てきますか。

内田　二人ともかなり不健全な、常軌を逸した精神構造の人でしたけれど、それが恐るべき権力を行使しましたからね。

姜　レッドパージで、相当ひどいことをやりましたからね。

イデオロギーの洗礼を受けていない新しい世代の台頭

内田　マッカーシーとフーバーの社会主義・共産主義者への恐怖と迫害は異常でした。特にフーバーは四十八年間、八代の大統領の間、FBI長官を務めて、徹底的に左翼を狩り立てた。最悪だったのはマッカーシーが上院の委員会で政府部内の共産主義者の摘発をしていた一九五二年から五四年までです。期間は短かったけれども、この時期、アメリカの政府機関はほとんど機能停止してしまったし、当然ながらアメリカにおける左翼の運動もほぼ壊滅的な打撃を受けた。

「左翼」だという嫌疑を受けただけで、いかなる弁明も許されずに、仕事を失い、厳しい社会的制裁を受けるということが現実に起きたわけです。そして、多くのアメリカ人は、我が身を守るために、左翼の嫌疑を受けた友人や同僚を見捨てた。このとき、アメリカの「一般市民」が保身のために「左翼」の烙印《らくいん》を押された仲間を見捨てたということがトラウマ的経験となって、それからあと「左翼」という言葉を聴くだけでアレルギー反応を起こすようになったんだと思います。

姜　マッカーシズムを告発する映画もありましたよね。レッドパージは映画界にも及んで、転向を迫られた監督や俳優もかなりいたようですが、ある意味アメリカにカウンター・カルチャーが根付いたのは、こうした弾圧が長いこと続いたからかもしれませんね。

内田　マッカーシーを告発した気骨あるジャーナリストはCBSテレビのニュース番組のキャスターだったエド・マーローです。マーローとマッカーシーの戦いはジョージ・クルーニーが『グッドナイト&グッドラック』（二〇〇五年、アメリカ）という作品で描いています。いい映画ですよ。

マッカーシーが上院議員になっていなければ、あるいはフーバーが半世紀もＦＢＩ長官を続けていなければ、アメリカの左翼運動はもう少し違う展開になっただろうと僕は思っています。下院に議員も出していただろうし、州知事や州議会議員や市長にも社会主義者が何人も出ていたと思います。知識人たちも、普通にマルクスを読み、レーニンを読むということがあったと思います。でも、そうならなかった。僕はこれを「歴史の必然」だとは思わないのです。フーバーのような人物がアメリカの「裏の権力者」として半世紀も君臨したのは、いかなる意味でもアメリカ史の必然ではありません。単なる不幸な偶然です。偶然が、社会主義がアメリカに根付くことを阻止してしまった。

一九一一年にアメリカ社会党から最初の下院議員になったヴィクター・バーガーはオーストリア帝国出身のユダヤ人でした。今「民主社会主義者」を名乗っているバーニー・サンダースはポーランド系のユダヤ人です。二人の間には百年という歳月があるわけですけれど、この「百年の空白」はもっと短いものであった可能性もあると僕は思います。

ただ、指摘しておくべきことは、八〇年代以降のソ連の瓦解と、中国の「資本主義化」で、かつて社会主義がさかんだった先進国ではどこでも社会主義が思想的な指南力を失ってしまったけれど、アメリカはそれを経験していないということです。社会主義組織が国内にほぼない状態だったから、権威失墜しようにも権威がなかった。だから、社会主義の消長について、現代アメリカ人は身近な出来事としては誰も経験していない。その歴史的意味の検証を我がことだと思った人もいない。そこにバーニー・サンダースが登場した。彼は社会主義者としては当然の古典的な政策を掲げているわけですけれど、社会主義を知らないアメリカ市民からするとこれが「びっくりするほど新鮮」に映る。この間山口二郎さん（政治学者。法政大学教授）とも話したのですけれど、アメリカ人がサンダースに熱狂できるのは社会主義をよく知らないからじゃないですか。

姜　若い世代にとっては、非常に新しいイデオロギーに映るわけですね。今まであんまり見たことないから。

内田　マッカーシズムの時代やベトナム戦争のことを覚えている世代には今でも左翼アレルギーはあるでしょうけれど、東西冷戦が終わってもう四半世紀ですからね。それから後に育ったアメリカ人にとっては、コミュニズムとか社会主義ってもう切実なリアリティはないでしょう。

姜　若い世代にはまったくアレルギーがないですよ。

内田　キューバ危機（キューバへのミサイル配備をめぐり一九六二年に起きた米ソが全面核戦争寸前になった危機）も東西冷戦もベトナム戦争も知らない世代は「コミュニストは悪魔だ」というイデ

オロギーの洗礼を受けたことがない。マッカーシーとフーバーが広めた病は、アメリカではもう治癒したのかもしれません。

姜　その点では、日本だって若い世代が新しい左翼像を支持する可能性は十分ありますね。

内田　日本の場合は、共産党も社民党もずっと組織的に活動していますし、旧態依然たる労働組合もまだありますから、左翼イメージを一新するのはなかなか難しい気がします。あと二十五年ぐらい経たないと、手垢《てあか》のついた左翼イメージは消えないんじゃないかな。でも、今の二十歳くらいの若者はもう「サヨク」というようなラベルを貼られても反応しないです。「それ何ですか?」っていう感じですよ。そういうラベルがデマゴギー的に効果があるのは、「反共アレルギー」を知っている世代まででしょう。

東西統一を果たしたドイツの安定性

姜　バーニー・サンダースが言う今の民主社会主義って、ヨーロッパ大陸的に言うと、ソーシャル・デモクラシーに近いのでしょうね。そういう観点から言えば、今のドイツは伝統的に社会民主主義の路線を保っている気がします。ちょっと最近は、難民問題もあって、メルケルさんの旗色は悪くなっているけれど、とりあえずヨーロッパの中では、かなり安定した政治力を持っていると思うのです。その意味では、日本の社民党とは大違いですが、先進国といわれているような国々の中で今後どんな形でソーシャリズムが受け容れられていくのか、そこに非常に関心が向きます。ソーシャリズムをマルクス＝レーニン主義と結び付けなくても、社会を大切にするイズム、社会復権のイズムだと考えると、至極まっとうなことだと僕は思うんです。

内田　社会主義の反対概念って何なんだか、ちょっとよくわからないですものね。

姜　わからないですね。個人主義ともいえない。社会に支えられて個人もありますということだから。新自由主義が席巻した、この十年から二十年、一番失われた言葉というのは社会という言葉じゃないかなと思う。金儲けができれば社会なんか知ったことじゃないという風潮でしたからね。今なら、社会の足腰を強くしましょうということであれば、かなり受け容れられるんじゃないかなと僕は思っているんですが。

内田　そうですね。ドイツが相対的にヨーロッパの中で安定した統治の仕組みを持っている理由の一つは、東西ドイツの統合を果たしたことが大きいと思います。

姜　そうだと思う。

内田　人口比で見ると西と東は四対一ですけれど、東ドイツは敗戦から東西統合までの四十年間、ソ連の衛星国で、まったく異質の統治形態と国家観を持っていたわけですよね。とりわけ東ドイツは、ナチスドイツの行った戦争犯罪に関して一切責任を負わないという立場だった。自分たちはナチスドイツと戦って勝利した国である、ナチスの戦争犯罪を糾弾する側にこそあれ、彼らが犯した戦争犯罪について他国に謝罪するいわれはない、と。そういう立場にあるわけですね。ドイツの戦争責任についてはその引き受けを拒否している。ドイツの戦争責任を「引き受けない」と公言する立場の人たちをドイツは東西統一によって人口の二十パーセント受け容れたわけです。メルケル自身も東ドイツ出身ですから、学校教育では「ドイツの戦争責任について我々には謝罪する義務はない」と教わったはずなんです。

でも、旧東ドイツ国民に対して組織的な再洗脳を試みているというような話を僕は聞いたことがない。多分、西ドイツ国民は自分たちとは別の歴史認識を持っているメンバーをそのまま同胞として受け容れることにしたんだと思います。

西ドイツは、六〇年代に大量のトルコ移民を受け容れましたね。宗教も生活習慣もまったく違う移民を大量に受け容れた。その経験がけっこう大きかったんじゃないでしょうか。イスラームの人たちに感じた違和感に比べたら、東ドイツの人たちなんか、ちょっと歴史的認識が違うくらいで「ほとんど同じ」だから。

姜　移民受け容れの経験は大きいと思います。文化の違う人々を国内に包摂するわけだから、ドイツ国民の側にもかなり覚悟がいることです。

内田　フランスの場合は、ヴィシーの政府の官僚層がほぼそのまま横滑りで第四共和政の官僚層を形成した。彼らの対独協力の戦争責任をどう糾明するかという問いはうやむやにされてしまった。一方のドイツは「戦争責任はない」と教わってきた千六百万人の同胞を受け容れた後も、引続き大統領はヨーロッパ各地に行っては「ナチスドイツの戦争犯罪についての謝罪」を行っている。フランスの「敗戦の否認」とはずいぶん違う。ドイツのほうが健全じゃないですか。

姜　僕は二〇〇五年ごろ、半年間、ドイツのライプチヒにいたんですね。旧東ドイツです。街角では、ときどきロシア語で歌っている人がいたりしてね。ライプチヒ大学って、ドイツではハイデルベルク大学に次ぐ伝統的な名門校なのですが、東ドイツ時代の名前は、カール・マルクス大学です。かつてはゲーテがいて、森鷗外も留学している。あのメルケルさんもこの大学の出身です。

内田　そうなのですか。

姜　うん。でも、僕が行ったときは、冷戦崩壊やベルリンの壁崩壊をほとんど知らない世代の学生たちが増えていました。ただ、ちょっとだけ名残があったのは、旧東ドイツの人間をOssi、旧西ドイツの人間をWessiというんですが、東側の学生が、からかい半分にOssi, Ossiといわれることもあった。Ossiという表現はちょっとバカにされている感じなんですね。そんなに深刻な差別ではないけれど、当時はそんな雰囲気が少し残っていました。

内田　ドイツ国内で旧東ドイツ国民たちが差別されているということはあるかもしれませんが、表面的な現象としてはそれほど露出して来ていない。メルケルが首相になったということは、東ドイツ出身者にもキャリアパスは担保されているということですね。

姜　そうです。ナチスの体験から、たくさんの移民を受け容れて、一応、ある程度の融和が達成できているわけですから、東西ドイツ統合にも受容精神は生きていると思います。

内田　他者に対して寛容でなくてはいけないということについては先の戦争の教訓として、国民的な規模で共有されているのでしょう。

姜　そう思いますね。そうした受容精神があるから比較的、ドイツは難民受け容れに積極的だったと思うのです。

内田　それは憲法に書いてあるのですか。

姜　ええ、あります。日本の憲法に相当するドイツ連邦共和国基本法というのがあって、難民が迫害されないように、この基本法が保障する外国人難民の庇護権《ひごけん》がありますから。

とはいえ、今のメルケル首相の難民受け容れの方針には、今までになく国民の反発がひどくなっていて、「メルケル出ていけ」コールのデモも起きている。どんどん流れ込んでくる難民問題はどの国も限界に達しています。

第六章
「不機嫌な時代」を暴走させないために

1932年、ドイツ、ベルリンでの反ナチスデモ

アメリカはどこで失速するか？

姜　ずっと話して来て、ほぼ僕も内田さんと考え方の方向が一緒で、我が意を得たり、という感じですが、これから世界の大きな図柄がどうなっていくのか、もう一度補完してみたいと思います。

僕が一番気になるのは、アメリカがどこで失速するか。内田さんも言ったように、アメリカを中心としたネグリ的なエンパイアがほころびを見せ始めていることは間違いない。といって僕は、中国やロシア型の帝国が覇権を握れるとは思えない。間に挟まっている中東あるいは朝鮮半島などにも、かなりの軋みや負荷がかかるんじゃないかという懸念もある。実際中東でひどい混乱が起きているし、朝鮮半島もある意味では米中の軋みの最前線に置かれているわけで、そこがどうなっていくのかは日本にも大きな影響を与えると思うんです。内田さんは、アメリカの失速はどういう状況で起こると思いますか。

内田　今までのアメリカは、国際社会に対して強い指南力を発揮できる立場にあった。先ほどお話ししたように、特殊な歴史的な条件下で成立した国であるにもかかわらず、そのローカルな成功例を世界標準として、世界に押し付けてきた。実際、世界の人々がそう信じ込むくらいにアメリカの成功は華々しいものだった、ということです。それだけの国力があった。それの威光が霞《かす》んで来た。

姜　お山の大将が力を失うことで、世界の中でだんだん相対化されていく。

内田　アメリカの失速は、帝国の瓦解というような劇的な形ではなく、世界の人々が「アメリカのモデルが世界標準であるべきだ」という幻想から覚めてゆくという形で段階的に進んでいくような気がします。どんなことがあってもアメリカの成功モデルをコピーしなきゃいけないという「狂気」から覚めて来る。それぞれの国がそれぞれの国情に合わせて、最適モデルを考えてゆけばいいいんじゃないかという当たり前のことに気付くんじゃないですか。

ただ、アメリカの国力は一気には下がらないと思いますよ。アメリカってやはり底力がありますから。没落するにしても、じわじわとしか落ちていかないと思います。でも、その長期低落傾向の中で、アメリカが提示するモデルの汎用性がだんだん失われてくる。アメリカはアメリカだけど、うちはうちだから、という風になって来る。

中東の問題というのは、アメリカン・グローバリズムとイスラミック・グローバリズムという、二つのグローバリズムがぶつかっているわけですよね。どちらもグローバルなんです。イスラーム圏のほうがグローバル共同体としてははるかに老舗です。だから、アメリカが「うちが世界標準だ」と言い出しても、何言ってやがるということになるのは当然なんです。内藤正典先生（中東研究者。同志社大学大学院グローバル・スタディーズ研究科教授）と中田考先生が本（『イスラームとの講和――文明の共存をめざして』）で表明されているように、どちらも自分こそが世界標準だというのを諦めるしかないと思うんです。あなたが見ている世界と私が見ている世界は違うんだと、互いに認め合うことしかないと思います。

姜　うん、それは非常に大事なことです。今まであまりにアメリカン・グローバリズムの押付けが強すぎましたからね。世界認識が違うことを強要しても、齟齬が広がるだけです。

互いの違う世界を認めることから

内田　俺が見ている世界が真実の世界で、お前が見ているのは幻想の世界だ、と。誰もみなそう思っているわけですよ。そう心に思うことは止められない。でも、それを口に出して言うかどうかは別の問題です。すべからく人間はかくあるべきである、人間社会はかくあるべきだというのを自制する。どこで手を打つかといえば、ぎりぎり「人として」というぐらいのところですね。

例えば、目の前で死にかけている人がいたら、駆け寄って介抱する。飢えている人がいたらご飯を食べさせる。寒空に行き場のない難民がいたら、一宿一飯ぐらいお世話しましょうかと申し出る。そういうことだと思うんです。それくらいのことなら、原理原則とか大義名分とか要らないでしょ。「惻隠《そくいん》の情」があればできることじゃないですか。「まあ、人として、それくらいのことは当然じゃないか」というレベルで他者と向き合う。それ以上のことは求めない。理解も共感もできないし、言葉も通じないが、相手の生身の身体の飢えや痛みや苦しみはわかる。それがわかるなら、その水準で関われればいい。そういう共生です。

理解や共感の上にコミュニケーションを基礎付けるのではなくて、理解も共感もできないけれど、現に傷ついたり損なわれたりしている生身の人が目の前にいたら、「人として」放置しておくわけにはいかない。そのレベルでの共生。

それ以上の、統治形態を共有しようとか、政教分離の原則を共有しようとか、民主主義を共有しようとか、人権思想を共有しようとか、それは諦めたほうがいい。とりあえずは、そこまでは求めない。僕もそれでいいと思うのです。いや、それしか打つ手がないだろうと思います。

アメリカが持っていた世界標準制定力が失われることによって初めてこういう「講和的共

存」が可能になるのかもしれない。一方が正しくて、他は間違っているというのではなくて、どちらもローカルな価値観、固有の民俗誌的奇習でしかないと認め合う。もちろん、内心では、「俺のほうが正しい」と思っている。自分は真理を知っているが、あいつは迷妄のうちにあると思っている。そう思うことは止められない。でも、それを口に出しては言わない。そういう種類の自己抑制です。心で思っていることと、口に出して言うことが分裂している。でも、そういう分裂を受け容れることによってしかグローバル化がもたらした暴力の連鎖は止められない。そういう気がしています。

姜　そういう調和的なセパレートが可能になったら、自転車操業的に前へ進もうとする国民総動員的な動きも落ち着くのでしょうね。ただその調和的共存の大前提にある「お互いに干渉し合わない」という部分だけが強調されると、アメリカが「お前のものはお前のもの、俺のものは俺のもの」という、いつかのモンロー主義（第二次世界大戦前までアメリカが原則とした、欧州大陸との相互不干渉を基調とする外交政策）に立ち戻って、アメリカ一国主義みたいになる可能性もありますよね。こういう考え方は、今もアメリカの中に根強くあると思うのですが、そうなると力のない衛星国がそれに恐怖感を持って軍備を強化し始めるということも起き得る。韓国は韓国で今、核を持つべきだという声が高まっているし、日本だって、アメリカが介入しなければ、核装備をたくらむ人間はいくらでもいますから。

内田　それは出て来ますよね。

日本に潜む危険な反米ルサンチマン

姜　それがあってはいけないから、アメリカさんにできる限り介入してもらいたいと言う人もいる。この間も弁護士出身の議員の丸山和也が、「奴隷でも大統領になれる」という趣旨のことを言ったけれど、それよりも一連の発言の中で衝撃的だったのは、「日本がアメリカの五十一番目の州になる」、そういうことを考えてみてもいいんじゃないかと言っていたことです。それを奴隷根性と言わずしてなんというのだと思いましたけど。

内田　日本がアメリカの五十一番目の州になれるはずがないじゃないですか。日本はアメリカの属国なんですよ。何が悲しくて、属国を州に「昇格」させなくちゃいけないのですか。日本の人口は一億三千万ですよ。アメリカの今の人口が三億二千万ですから、全人口の三分の一が日本州民だということになる。日本州選出の上院議員は二名ですけれど、下院議員は人口比だから四三五人中一二五人が日本州選出議員になってしまうんですよ！

姜　確かにそうだ（笑）。アメリカ最大の州になっちゃう。

内田　そうですよ。共和党、民主党と同じくらいの勢力を持つ第三勢力が国内にできちゃうのですよ。日本州が反対したら、もうどんな議案も通らない。大統領選挙だって、日本州の選挙人数が最大ですから、候補者は選挙運動が始まったら、もう日本州に張り付きですよ。日本州民が喜びそうな政策を次々と提案して、なんとか選挙人を得ようとする。そんな話をアメリカが飲むわけないじゃないですか！

今なら日本は属国ですから顎で使えるけれど、州になったら、州民の顔色を伺わなくちゃいけない。そんなバカなことをアメリカがするわけない。

姜　属国日本にアメリカが公民権を与えるわけがないですよね。それどころか件《くだん》の議員は、日本人がアメリカの大統領になる可能性だってあると言っていた。

内田　五十一番目の州になれるかもしれないとあの議員が本気で思っていたとしたら、現実認識があまりに空疎ですね。日本がアメリカの属国であり、宗主国が属国民を自分たちと同格の市民に「格上げ」するわけがないという基礎的現実が見えていないのですから。この程度の現実認識の人間が議員になれるのですから、日本は本当に危ういですよ。

姜　そういう政治家がいっぱいいるわけです。だから、アメリカの介入がなくなったらなくなったで、日本の政治家が狼狽《ろうばい》しないかどうか。

内田　そうですね。箸の上げ下ろしまで全部指示してもらっていたのが、指示されなくなってしまうわけですから、官僚たちは大混乱するでしょうね。外交についても国防についてもエネルギーについても食糧についても、国家の基幹的な戦略を自力で策定する能力は日本の官僚にはないですから。これまでは、とにかくアメリカの意向を忖度《そんたく》して、それをテキパキと物質化することに長《た》けた人たちが役人として出世して来た。その指示や要望が来なくなってしまったら、何していいか、わからない。かつては官僚の中にも日本の国益を考えて、それなりに筋のいい政策を考えた人はいたと思いますけれど、それだって「アメリカがこんなの通すわけないだろ」と言われたら、即却下ですよね。アメリカの許諾が得られない政策は却下されるということがわかっていたら、そんなの考えるだけ無駄ですから、最初から「アメリカが飲みそうな政策」だけを考えるようになる。それを半世紀やって来た。今さら「アメリカはいいから、日本の国益にとって適切な政策を」と言われても、そういう発想をしたことないから。

だから、アメリカの衰退が一気にきてしまうと、日本の統治機構はガタガタになってしまう。なので、アメリカの「リトリート（退却・後退）」はやはりゆっくり進んで欲しいです。アメリカだって、ロン・ポール（共和党の元下院議員）やドナルド・トランプが主張するように、五十いくつもの同盟国との安全保障体制は金がかかるばかりだから、もう切ってしまえというような極端な外交の転換はしないと思いますよ。

アメリカのモンロー主義は、フロンティア西漸というイデオロギーに対する対抗的なイデオロギーだと思います。無際限な拡大主義に対する抑制機構ですよね。二力が拮抗《きっこう》して、外に出ようとする離心的な力と、内にこもろうとする求心的な力が同時に働いて、「いい加減」のところに落ち着く。これはアメリカの独特な政治力学ですよね。その力が今は明らかに「リトリート」の方向に向かっている。しばらくこの流れは変わらないと思います。かつてのイギリスほどの大胆な縮減はなかなかできないと思いますよ。イギリスはアメリカという「受け皿」があったので、帝国経営を放棄できましたけれど、アメリカには「世界の警察官」の業務を委ねることのできる同盟国がないですから。

僕らはアメリカのことを同盟国だと思っていますけども、アメリカはそう思っているかどうか、わかりませんよ。なにしろ直近の戦争の相手だったし、十万人のアメリカ青年が太平洋戦争で死んでいるわけですから。もし仮に、何かのはずみで日米安保条約が空文化したり廃棄されたりした場合に、その後、軍事的にアメリカから独立した日本が七十年間の属国の屈辱をどういった形でアメリカに向けることになるのかはまったく予測不能ですからね。宗主国が去った後の、植民地の原住民がどういうルサンチマンを抱えて行動するかなんて、蓋をあけてみないとわからないです。

姜　よくも七十年も属国扱いしてくれたなと、国粋主義者たちが立ち上がる？

内田　あり得ますよ。いきなり反米気運が高まる可能性は十分にありますよ。だって、今の日本の右翼って、反基地運動してないでしょう。外国の軍隊が国土を占領しているのに対して抵抗運動をしてないナショナリストなんて世界で日本にしかいないですよ。でも、それがどれほど不自然なものかということは彼らだって無意識的には感じているはずなのです。だから、DV夫みたいに、それまでちやほやしていたのが、ある日いきなり血相を変えて殴る蹴るの暴行を加える……というパターンは日本の「おじさん」たちにはありがちだと思います。それに近いことがアメリカに対して起きるんじゃないかな。

僕がもしアメリカの国務省の役人だったら、それを日本の最大のリスクだとみなしますね。何かのきっかけで反米気運が高まったときに、特にこれまでべったり親米だったナショナリストが手のひらを返して反米的になったときには手がつけられない。だって、左翼は伝統的に反米ですからね。右翼まで反米になったら大変なことになる。「びんの蓋」論（米軍が撤退すれば日本は再び軍国化する懸念があるので、米軍はそれを防止する蓋の役割をもつとする説）というのがありましたけれど、まさに久しく日本の軍国主義的ルサンチマンはアメリカが軍事的プレゼンスで押さえ込んできたわけですよね。その「蓋」が外されたら……そりゃ、暴発しますよ。畜生、俺たちを散々属国扱いしやがって。主権国家であるべきだった七十年間を返せ……ということになったら、もうアメリカは打つ手がない。

ずっと日本は暴発してないですからね。これ、よく考えたらおかしいんです。六〇年安保は明らかに反米愛国の運動でしたけれど、七〇年代の若者たちのベトナム反戦闘争と七二年の田中角栄の日中共同声明がアメリカに対する日本の組織的な抵抗の最後でした。それから後は、政府も市民も主権回復のための運動は、沖縄の基地闘争を例外として、ほとんど見ることができません。だから、相当「ガス」がたまっている。何かのはずみで日米同盟基軸に軋みが走ったとき、日本全体が一気に反米に振れるリスクは非常に高いと思います。ですから、僕がアメリカの国務省の役人だったら、持って行き方によっては、日本は中国以上に危険な反米国家になる潜在的なリスクがあるから、それをどうやって抑制するかということに頭を使いますね。

姜　その代替措置として、僕はいま自主憲法論者が強気に出ているのだと思うのですね。本来だったらアメリカにリベンジというか、ルサンチマンが向けられるべきものが、憲法を変えるというところで日本のアイデンティティを確立させたいという。でもあれは代替措置でしかない。

内田　ある種のガス抜きでしょうか。

姜　そうでしょう。日本のルサンチマンが込められた草案ですから。

内田　自民党の憲法草案って、けっこう「やばい」と思います。日本国憲法の中のアメリカ的な価値観を全否定するものですから。アメリカ人の眼で自民党の改憲草案を見たら、この国とは価値観は共有できないと思うでしょう。独立宣言以来のアメリカの統治原理をほぼ全否定している。この改憲草案は東京裁判史観を否定し、靖国神社に参拝して戦犯を顕彰する思想的な潮流の中にあるわけですから、これを読めば「日本は表面的にはへつらってはいるが、本心では信頼できる同盟国ではない」と普通は思うでしょうね。

第三次世界大戦はトルコ・朝鮮半島で勃発!?

姜　安倍政権の動きも予断を許しませんけど、今後の東アジアも予測不可能なぐらい混沌《こんとん》として、どうなるんだろうかと思います。自分の目の黒いうちに、もう一回戦争が起きそうな気配もありますね。

内田　第三次世界大戦が起きる可能性はゼロではないです。トルコで始まるという説もあります。

姜　アサド政権をロシアがバックアップして、反政府勢力を一緒に攻撃しているでしょう。この前もトルコの首都アンカラで自爆テロがあったけれど、クルド系組織がやったと言われていますが、真疑はわかりません。「クルド解放のタカ」とかいう組織が犯行声明を出しましたけど。そういうクルドの問題もあるし、トルコが発火点になる可能性は僕も高いと思う。

内田　かつてバルカンは「ヨーロッパの火薬庫」といわれましたが、それと同じ構図になって来ました。いろんな大国の思惑がこの一点に集約していて、わずかな圧力で発火点に達して、暴発する可能性がある。トルコ・シリア国境から第三次世界大戦が始まるというシナリオは、あると思います。

姜　もう一つの可能性は朝鮮半島ですね。

内田　朝鮮半島は、金《キム》王朝の瓦解がきっかけになりますね。多分、宮廷クーデターという形になるんじゃないですか。

姜　宮廷クーデターか、あるいは、金正恩《ジョンウン》（最高指導者）を暗殺するか。この前も、在韓米軍が「金正恩斬首作戦」を進めているという報道を出して、北朝鮮当局が怒りをぶちまけていました。あれは当局に対する脅し、警告だと思いますけど、本気でやるつもりなら、わざわざ報道発表なんかしないで秘密裡《ひみつり》に計画を進めるはずですからね。

内田　でも、それは絶対考えていますよ。

姜　ウサマ・ビン・ラディン（9・11事件の首謀者とされるイスラーム主義組織アルカイダの司令官。二〇一一年パキスタンで殺害）のときもやったわけだし。アメリカだって、金正恩が今どこにいるのか、目星はつけていると思いますよ。でもあの人を排除したときに何が起きるかということは……。

内田　し損なったりしたら大変ですね。〝やけのやんぱち〟になって、核ミサイルを飛ばす可能性がありますからね。

姜　テポドン（北朝鮮の弾道ミサイル）がどれぐらい飛ぶかわからないけれど、最近やたら飛ばしている弾道ミサイル実験を見ていると、アメリカの西海岸ぐらいまでは行くでしょう。

内田　それなりの技術は持っていると思います。ハワイやグアムの米軍基地が狙われるかもしれないけれど、もっとありそうなのは沖縄の米軍基地と、そして日本の原発ですね。

姜　核保有国と戦争をすることは、アメリカ自体が今まで一度も経験したことがないので、その展開は考えにくいですね。でも北朝鮮の立場になって考えてみると、核ほど体制の保全のために有力なものはないわけです。彼らがイラクやリビアの状況を見て、その方向を考えたのは理解できないわけじゃない。しかし、ここまで自国の核技術をひけらかして前面に出してくると、相手の出方次第では、すごく悲観的なシナリオを考えざるを得ないときもある。

内田　そうですね。ただ戦争を「するぞするぞ」と脅かしているけれど、本当にアメリカと戦争になったら、たちまち国が亡びるのは北朝鮮もわかっています。それに、既得権益を享受している特権階級の軍人や党官僚は、今は金正恩にくっついていますが、粛清されるリスクがある閾値《いきち》を超えてしまったら、「殺される前に殺したほうがいい」と判断するかもしれない。その場合は宮廷クーデターが起きるでしょう。

問題は、クーデターが起きた後の北朝鮮の後見人が誰になるかです。中国かロシアかアメリカか。それぞれ北朝鮮内部に協力者を作って、送り込んではいるでしょう。そして、何かあったときには、うちが「ケツ持ち」するから、クーデターを起こして権力を取らないかと耳打ちしているかもしれない。そう仮定すると、もし何かあって、権力の空白期間ができたとき、バックに中国を選んだ勢力と、ロシアを選んだ勢力と、韓国とアメリカを選んだ勢力が三つ巴《どもえ》になってヘゲモニー争いをするという可能性もある……。

姜　九七年ごろの一番飢餓状態がひどかったとき、軍の中では、どうせ飢餓で死ぬなら、核を使って一発勝負をしたほうがいいという声が大勢を占めたと聞いたことがあります。それを聞いて僕は背筋が寒くなりました。

内田　北朝鮮の場合は想定外のシナリオもいろいろあると思いますね。

姜　冷戦が終わって少しずつ平和の配当が増えていって、世界がもうちょっとモデレートに落ち着くのかなと、僕も一時期思っていましたけどね。東西冷戦終結の直後に、米政治学者のフランシス・フクヤマが、歴史が終わって、これから退屈だけどアメニティにうつつを抜かす平和な時代が来ると言った。これはまったくうそでしたね。

でもさすがに、自分の人生がやがて後期高齢に移る段階で、第三次世界大戦が起きるんじゃないかということを真顔で言わなきゃいけない時代が来るとは思わなかった。内田さんも僕も生まれたのは朝鮮戦争のときでしょう。

内田　そうです。

姜　今後、第二次、第三次朝鮮戦争が起きるとすれば、戦争に始まって戦争に終わる人生なのかと思うと、情けなくなります。あんな北朝鮮なんてチョロイとか言いながら、携帯電話で戦争ゲームにうつつを抜かすような人間がたくさんいるじゃないですか。実際、日本の原発施設にミサイルが飛べば終わりです。それを考えると、正気の議論が今必要なんじゃないかと本気で思うんです。

内田　本当にそうですね。一体今まで何をして来たんだと思うと、内心忸怩《じくじ》たるものがありますね。

姜　この言論空間に、北朝鮮なんてイラクのサダム・フセインのように踏みつぶしてしまえといった、ゲーム感覚の戦争肯定論が一部で盛り上がっているようですし、どうしてこんな世論が徘徊《はいかい》しているんだろうと、最近すごく思います。

蔓延する七十年の平和に飽きた嫌厭感《けんえんかん》

内田　さっきアメリカの話で、社会主義を知らない世代には新鮮な響きがするという話をしたけれど、同じような「インターバルがあったせいで、古いものが新鮮に感じられる」現象が日本でも起こるような気がします。日本の場合は、七十年間の平和に飽きたということです。「飽きる」って、ものすごく毒性の強い感情なんです。体制の受益者自身が、自分に権益をもたらしている体制に飽きて、その体制の破壊に同意するということがあるんです。歴史を見るといくつも前例があります。安倍晋三の「戦後レジームからの脱却」もまさにそうですよ。彼を二度までも総理大臣にした体制を「醜い国」だと言っているわけですから。

姜　まさにそうですね。安倍首相自身が否定している。
内田　システムの最大の受益者である人物本人が、自分を総理大臣にした仕組みを罵って、この社会を根本的に変えなきゃいけないと言っている。これは、「よりよきもの」を求めているんじゃなくて、今のシステムに対する嫌厭感なのですよ。
姜　嫌悪感。
内田　嫌悪感、嫌厭感、うんざり感ですね。そのうんざり感が今、日本人の中に広がっているような気がするのです。特に民主党政権の末期あたりから、「もうこりごりだ」、「うんざりした」、「飽き飽きした」っていう言い方が政治的言明として通用するようになった。本来「うんざりした」から政体を変更するなんていうことはあり得ないわけですよね。個別的な政策や制度の不具合を点検して、「ここを変えよう」というのなら話はわかるんです。でも、そうじゃないでしょう。今の体制にうんざりしたから、もう全部変えようということを言い出した。
姜　そのうんざり感みたいなものが今の安倍政権を支えていると。
内田　多分そうじゃないかと思います。例えば湾岸戦争のときに、「国際社会の笑いものになった」というような言葉づかいが一気に流布したことがありましたでしょう。一体、誰がどういう立場から口にしたことで「笑いものになる」ということが、具体的に日本の外交上、安全保障上の国益をどう損なったのか、そういうことについては何も吟味しないまま「笑いものになった」「もう二度とごめんだ」という感情的な表現が政治的知見として通用した。

あれと似た感じがするのです。政策的言明としては無内容な言葉が強い説得力を持って、自己運動を始める。そして、「もう飽き飽きした」「うんざりだ」「もうたくさんだ」という言い方は確かに全国民に共有されているのですよね。「戦後レジームにうんざりしている」安倍晋三のグループにとっても、「安倍晋三にうんざりしている」グループにとっても、感情的な「うんざりだ」という表現においては同じ言葉を使っている。

姜　そう言っちゃえば、みんながどこか納得する。だから、民主党の政策のどこが問題だったかなんて、何も議論しないままスルーして、空虚な言葉だけが飛び交っているわけですね。

内田　ええ。政権交代のときの投票行動についても「お灸《きゅう》をすえる」とか「懲らしめる」と言った生活用語が用いられた。どの政策のどこがどう間違っていて、どう補正すればいいのか、というようなことは誰も問題にしなかった。それと同じだと思います。今はただ「もううんざりだ」と言えば、「どこがどういけないのか」というような具体的な追及は誰もしない。だから、「飽きた。変えよう」と言えば、全国民の誰も有効な反論ができない。

ヒラリー・クリントンがサンダースに追い上げられているとき、いろいろなメディアからコメントを求められて、「ヒラリーは八年前ならまだ新鮮だったから圧勝したかもしれないけども、今はもう見飽きて、『またヒラリーかよ』という印象を与えるような政治的人物なんじゃないですか」とか言いました。すると、ジャーナリストが皆さん「ああ、そうですか。ヒラリー・クリントンはもう飽きられましたか。なるほどなるほど」と納得してしまう。「サンダースはもの珍しいから、それに惹《ひ》かれたんじゃないですか」と言うと、日本のメディアの人はみんな素直に納得するんですよ。いや、俺、口から出まかせに飽きたとか飽きてないとか言っているだけなんだけど、いいのかなと思ったけど（笑）。

「飽きられたからダメでしょ」というような政治的分析がとりあえず日本のメディアでは通用する。「飽きた」というがあなたはいかなるエビデンスに基づいてそのようなことを言われるのか、「飽きる」という感情とそれに基づく判断の適切性の間にどういう相関があるのか理路整然と語ってみよとか、そういうことは誰も言わないんです。誰も。「どんなに正しい政策でも、飽きられたらおしまいですよね」で日本では話が通じちゃうんですよ。政策の適否より、飽きたか新鮮かを優先させて統治者を選ぼうとしているということを誰も「変だ」と思わない。そのこと自体が「変だ」と僕は思うのですけどね。

姜　目新しいというと、どんなに変でも疑問を持たない。まるで戦争中の革新官僚の「革新」

という言葉みたいですね。あのときは「革新」が異常な効力を持っていましたからね。
内田　そうです。「革新」とか「維新」とか。まさにあれです。
姜　そういう言葉が流布すると、いいほうに行ったためしがない。
内田　ええ。「飽きたから、これやめようぜ」というだけで、それ以外の何のメッセージもない。飽きたから今あるものを壊そうというだけのことですから。だから維新が支配した大阪の八年間の政治なんて、壊したものはすさまじい規模に達しますけれど、一体何を創造したのかというと目に見えるものは何もない。でも維新の支持者は「あれを壊した、これを潰した」ということを実績にカウントして、どういうものを作ったかには興味を示さない。とりあえず「飽き飽きした気分」は解消してもらったので、それで満足している。

レジームの崩壊を見たい為政者たち

姜　それは潜在的な、ある種の破壊願望のせいなのでしょうね。維新だ、革新だと言って、ただただぶち壊したくなる。今、そういう負のエネルギーが出て来ているわけですね。
前に、歴史研究者と話したんですが、日本がもし公武合体論（朝廷と幕藩体制を結びつけ体制の再編強化を唱えた幕末の政策論）になっていれば、脱亜入欧で韓国や中国に進出、膨張することは、もしかしてなかったんじゃないかと。でも、そうはならなかった。結局、江戸幕府を完全に崩壊させて、「野蛮人」が江戸をにぎって、帝都にしちゃったという……。

内田　でも、幕末の幕閣たちもやっぱり自分自身で江戸幕府のことをあしざまに罵っているのですよ。勝海舟も福沢諭吉も。幕政の中枢近くにいて、江戸レジームの当事者であり、政策決定に深く関与していた人たちが「幕臣はバカばかりだ。こんなろくでもない政体はとっとと潰れたほうがいい」と平然と言い放っているわけです。

姜　そうか。飽きちゃったんだ。

内田　飽きちゃったんでしょうね。幕府崩壊は「江戸レジームからの脱却」なんだと思います。徳川慶喜の鳥羽伏見の戦い方とか、大政奉還の決断の速さとか、「俺はもう将軍これ以上やりたくないよ」と言わんばかりでしたから。廃藩置県のときも、ほとんどの藩主たちは領地と城を捨てて、東京で華族として派手な消費生活をするほうにシフトしましたよね。「廃城令」が出て先祖伝来のお城を潰せと言われたときにも、藩主たちはほとんど抵抗らしい抵抗をしていませんし。「お城なんかどうでもいいよ」という気分だったのじゃないか。上から下まで、もう幕藩体制には飽きていたんですよ。

それに、それで行くと、先の大戦は今度は「明治レジームからの脱却」なんです。明治レジームを壊したのは一九三〇年代、四〇年代の大日本帝国の戦争指導部ですけれど、体制の中枢にあって、法外な権力を行使した、明治レジームの受益者であった彼らが、魅入られたように明治レジームの瓦解の方向に突き進んだ。そしてめでたく明治維新から七十年かけて積み上げてきたものをゼロにした。

姜　まさに七十年ですね。歴史は繰り返すんですね。

内田　本当にそうなのです。戦争指導部の人たちって、体制の中心にいて、帷幄《いあく》上奏権（君主制国家において、軍部が軍事関連事項を閣議を通さず、直接君主に上奏すること）を持っていて、統帥権で守られ、内閣総理大臣や帝国議会のさらにその上にいたわけですよ。その体制の最大の受益者である人たちが魅入られたように「そんなことをしたら国が滅びる」という政策を選択し続けた。

姜　そこにモデレートな選択肢は入る余地がないんですね。

内田　モデレートな選択肢は視野に入らないんです。極端なのじゃないとダメなんです。だって、「もう飽きた」から、レジームの崩壊を見たいのですよ。一九四二年のミッドウェー海戦のときに帝国海軍はその主力を失ったわけですから、もうこれから後は組織的な抵抗はできないことがわかっていた。あの時点で、内大臣の木戸幸一や吉田茂は講和の手立てを探り始めていたわけですから、四二年段階で講和していれば、モデレートな敗戦を迎えることができた。満州も朝鮮半島も南方の領土も失ったでしょうけれど、北方領土と沖縄は確保できたはずです。

敗戦後には憲法も自主的に改定して、統帥権のような危険な条項を外した、モデレートな立憲君主制を選択したはずです。そうしたら、日本列島が占領されることもなかったし、外国の軍隊が国土に半永久的に駐留することもなかったし、僕たちは今も主権国家の国民であることができた。

姜　しかし、歴史的にそれは起きなかった。ということは破壊願望のほうが上をいったわけです。そういう破壊願望が募る時期って必ず来るということですか。

内田　必ずあるみたいですね。一定期間の安定期があると、その後に、自分たち自身がそこから現に受益し、その中で平和に暮らしている体制を破壊したくなってくる。もしかすると、ひどいことになるかもしれないけれど、それでももっと不幸になるほうが退屈よりましだという。

姜　僕が世界の動きを長期的に見るとき、一番役に立ったのはカール・ポランニーです。彼は、世界を破滅させる大転換が起きたのは、十九世紀に世界中を席巻した市場自由主義と、その反動として起こったファシズムの台頭だと言っているけれど、その根底にあるのは、今、内田さんの言った破壊願望、退屈よりは不幸のほうがましという気分かもしれない。

ヨーロッパでいうとウィーン体制から百年後に、第一次世界大戦が勃発している。これも、バルカン半島のサラエボで起きたちょっとした事件で、百年の安定をふいにして、空前絶後の死傷者を増産する戦争を起こしてしまった。こういうことには個別的に説明できない力があるのでしょうね。まともに考えれば、それはすごく怖いことです。日本の戦後民主主義は確かに弱々しくて、本当にあったんだろうかと思うようなものでも、飽きたから破壊しようぜとなったとき、何が起きるか。我々の世代であればある程度は見通せますけど、今は、戦後レジームからの脱却とか、言葉だけがどんどん力を持っていっています。そういう種類の飽き飽き感を持っている人たちには、理屈で説明しても通らない。

内田 先ほども話した、ミシェル・ウエルベックの『服従』を読むと、フランスの人たちもフランスの仕組みに対して飽き飽きしているというのがリアルに伝わってきますよ。

姜 その飽き飽き感というのは、中産階級の人々に多いんでしょうか。

内田 そうでしょうね。もちろん下層のほうにいて、まったく受益してない人たちもなんとかして欲しいと思っているんでしょうけれど、中産階級の人たちは、その体制の中である程度いい思いをしているにもかかわらず、心底うんざりしている。

姜　それが時代の空気として蔓延していると、その中でそれに抗うことが、だんだん難しくなってきそうです。

不機嫌な時代の結末を歴史に学ぶ

内田　今の日本の空気に一番近いのは、多分、一九二〇年代のドイツの雰囲気でしょうね。
姜　そうでしょう。僕もそう思っているの。
内田　マルティン・ハイデガー（ドイツの哲学者）の『存在と時間』は一九二七年の刊行で、それからしばらく世界中がハイデガーに熱狂しましたが、今読むと、かなり異常な思考ですよね。とにかく、今の世界のありようは本来的なものでないから、根底的に変えねばならないと言い続けている。

なんていうのかな、ハイデガーって基本が不機嫌なんですよね。めっちゃ不機嫌なんですよ。自分が今のような自分であることに心底腹を立てている。そして、自分が「今のような自分」であることにこんなに苛《いら》ついているのは、「本当にあるべき自分」と「今の自分」が乖離《かいり》しているからである。それなら、「今のような自分」の偽りの生き方を否定するしかない。「俺は俺であることに飽き飽きしているんだ」と不機嫌に言い立てることが「本来の自分」に至る正しい道である、と。だから、ハイデガー哲学は「今あるものを全部ぶっ壊せ」というタイプの「レジームからの脱却」論と大変相性がよい。安倍政権の官邸の皆さんがハイデガーを読んで理論武装しているかどうかは知りませんけれど。

でも、ハイデガーだけじゃなくて、大戦間期のヨーロッパって、とにかく哲学者たちは総じて不機嫌なのです。あれもこれも、全部吹っ飛ばさなきゃ話にならねえよという気分は、ライン川の両岸にあったんじゃないかと思います。

姜　赤木智弘《ともひろ》君が、「『丸山眞男』をひっぱたきたい」（『論座』二〇〇七年一月号）で、「希望は、戦争」というスローガンを言ったけれど、まさに彼の願いが叶《かな》いそうな雰囲気になって来ています。でもそれをくい止めるためになんとかして、言論空間でやれるだけのことはやらないといけないと思う。

内田　大戦間期のヨーロッパでみんなが不機嫌なとき、「君たち、みんなずいぶん不機嫌になっているけれど、どうして君たちが打ち揃って不機嫌であるかというと、それは歴史的な理由があるからでしょ。君たちのその気分は君たちが選んだものじゃなくて、むしろ与えられているものなんじゃないかな」と指摘する人がいれば、中にははっと目が覚める人もいたと思うのです。「あ、俺は不機嫌であることを哲学的構えとして自己決定していたつもりでいたけど、本当はそうではなくて、不機嫌であるように歴史的に規定されていたんだ。がーん」ということに気付いたら、「一発戦争でもやっか」という時代の気分に対して、もう少し強い警戒心を持ったんじゃないでしょうか。歴史から学ぶとしたら、そういうことしかないでしょう。

人間って、ある程度の期間が過ぎると、よい仕組みであっても、その仕組みに飽き飽きして、壊したくなってくる。そうした破壊願望が出て来ることは人性の自然であって、これについてとやかく言っても仕方ない。でも、人間って「そういうものだ」ということはいつも念頭に置いていたほうがいい。そうやって歴史上何度も繰り返された愚行を現代日本人もまた繰り返そうとしている。そのことについての「病識」を持つ必要があると思います。

姜　そのために、ときには大きな図柄を示すことも必要ですね。

内田　そうですね。大風呂敷というか、百年、二百年というスパンの、文明史的な文脈の中に位置付けていかないと、今していることの意味って、よくわからないんです。個別的な政策の間違いよりも、不機嫌な気分のほうが、はるかに毒性が強いけれど、「時代に取り憑いた気分」というのは遠くから俯瞰しないと見えて来ないんです。

姜　その意味でも、漱石の文明史観は偉大だなと思います。百年前に、資本主義の本質を読み解き、やがて来るであろう今の時代の殺伐とした厭世観《えんせいかん》を予言していましたからね。

内田　『三四郎』の冒頭の広田先生の「滅びるね」っていうのが、まさにそうですね。

姜　それでも新しい青年たちの中に、知らないがゆえにフレッシュな対抗軸が生まれている気配もあって、そこに少しは可能性が見いだせるかもしれない。でも、前期高齢から後期高齢になりかけるとき、こんな時代を迎えるとは僕は夢にも思わなかった（笑）。

内田　僕もこんな時代にこんなに仕事が増えるとは思わなかった。隠居しようと思っていたのに（笑）。

姜　では、再びフロアの皆さんから質問やご意見を伺いたいと思います。

【オーディエンスの質問から】

撤退、縮小こそが本来の人間に戻れる道

――先ほど、内田先生が、世界帝国だった悪名高いイギリスが唯一シュリンクに成功した国だ

という話をなさいました。それについてもう少し伺いたいんですが、日本の歴史家で、『遠い崖』を書いた萩原延壽《はぎはらのぶとし》（一九二六〜二〇〇一）という方が書き残した文章をまとめたみすず書房の『自由の精神』という本の中で、イギリス論を展開しています。どういうイギリス論かというと、内田先生と同じで、イギリスは非常にうまくリトリートしたという話なんですね。先ほど、これからの世界の流れとして広域化と狭小化の流れがあるとおっしゃっていましたが、イギリスのリトリート論は、うまく撤退していくという意味で学ぶべきところは多いと思うんですが、その点はどうでしょうか。

内田　すばらしいですね。

――萩原さんは一九五七年にアメリカ経由でイギリスに渡り、六二年くらいに日本に帰ってきたようです。

内田　英国病の最中ですね。それは見識高いと思います。前にも言いましたが、世界帝国が意図的にシュリンクした例はイギリスしかありません。一九四七年にギリシャとトルコに対する権利と義務をアメリカにパスしてから、世界帝国から島国に縮小していった。その代償を「英国病」という程度の社会的不活性くらいで収めたというのは、大した達成と言うほかないです。

アメリカはアングロ＝サクソンの先輩であるイギリスが世界帝国を縮小したという実例を半

世紀前に見ているわけです。破局的事態を回避して、ソフトランディングした実例を見ているんだから、それは参考にしていると思います。

これが日本人だったら、世界帝国を縮小するなんていうアイディアはまず思い付かないと思いますよ。とにかく「坂の上の雲」だけ見て来た国ですから、足を止めて、そろそろと下り坂を転ばないように降りるなんていう技術は持っていないし、そういう技術を評価する文化もない。だから、「帝国の縮小」という戦略をアメリカが今真剣に検討しているということを、日本の政治家も官僚も、誰も考えてないのじゃないですか。

姜　ＩＳが一番憎いのは、イギリスよりもフランスやアメリカでしょう。ＩＳ以前の二〇〇五年にはロンドンで同時多発テロがありましたけれども、イギリスはあれほど植民地を持っていたのに、なぜかＩＳ関連の攻撃対象からは今のところ外されている。

内田　イギリスのずる賢いところは、植民地での階級闘争を現地人同士にやらせるんですよ。

姜　現地にやらせて、商業的なアガリを取っていく。

内田　植民地経営のアウトソーシングなのです。これが、うまいんですよ。アジアでも、よそから移民集団を連れて来て、その集団を植民地特権階級に据えるというようなことをするのです。すると、もともと現地にいた人は、イギリス人じゃなくて、自分たちを直接支配し、直接収奪している、この「外から来た連中」を憎むようになる。イギリスは支配階層の上に乗っかっていて、そこから「アガリ」をかすめるだけで、植民地原住民の直接の憎しみからは身を避ける。植民地支配が終わった後も、イギリスが作り込んだこの人為的な民族対立はいまだに残っています。

そういう「えげつなさ」を含めて、イギリスの「帝国支配」技術の研究は大事だと思います。一九四〇年代から六〇年代にかけての「大英帝国のリトリート」は、これから始まる「アメリカのリトリート」がどういうプロセスをたどるか、それを予測する上で一番参考になると思います。

姜　アメリカだけでなく、このグローバル化の中で、どう縮小、撤退できるか、それが本来の人間の生活を取り戻すカギになると僕も思います。

石巻出身者から――地元に帰る選択ができないジレンマ

――個人的な質問をするのは恥ずかしいのですが、僕は、宮城の石巻の出身で、被災地から出て来ました。今は京都で働いています。

僕の実家は暮らせる程度には残っているのですが、母方の祖母の実家は津波で流されて、今も仮設で暮らしています。僕はこっちで働いているので被災地に対して何もしてあげられていません。少し仕送りをしたり、帰ったときにお小遣いをあげる程度です。友達にも僕のように、外で働いていて、被災地、自分の育った土地に対して何もできない人が多いのです。

祖母も高齢なので、帰ったからといって一緒に暮らせるわけではないのですが、家の手伝いをしないでいいのかという話も友達の中で出て、今どうするか悩んでいます。石巻は地元に帰ったからといって仕事があるわけでもない。でも外にいると罪悪感が少しあるというか、一人暮らしの祖母、家族に対して何もできない自分に葛藤があります。

その葛藤にしても、僕は被災地とか家族の状況から離れた場所で悩んでいるという、ある意味贅沢な状況です。その状況に甘んじていること自体、悪いことじゃないのかなという気持ちもあって……。

姜　宮城と福島はずいぶん状況が違うと思うのですが、それぞれ地元にいる人たちは大変さが違うと思います。ご家族が心配な気持ち、よくわかります。この間、福島県の二本松に行ってきたんですね。二本松にも、浜通りのほうから避難した人がかなりいましたが、この五年の間に、ずいぶん人間関係がぎくしゃくすることがあったらしい。震災前までは、二本松の人たちは浜通りの双葉町とか浪江町とか、そういう地域に住む人たちにはほとんど関心がなかった。

ところがその人たちが避難して来て、隣近所に住むようになると、考え方の違いもあっていろいろな摩擦が出て来るわけです。例えば、隣近所で仲よくしていたのに、ある日突然いなくなったとかね。若い三十代、四十代の子どもを持つ家族が、低線量被曝が子どもに影響を与えるんじゃないかと心配して他県に引っ越すケースが多いらしい。すると、地元の人も含めて、残された人たちには、不信感や裏切られたという気持ちが残る。もちろん地元の人たちにも自分たちへの放射能被害は大丈夫かという潜在的な不安もあるわけです。

あるいは、浜通りから来て、補償金を千五百万、二千万ともらって、二本松に逃げて来ても仕事をしない人たちもいる。そういう人を妬《そね》み半分で罵ったり、バカにしたり。難民の軋轢と同じですね。仕事をしてもしなくても、異物扱いされる側面がある。多かれ少なかれ、被災地の中に住んでいる人たちはいろんなストレスにさらされています。

福島だけでも、今、外にいる人はおそらく十万人は下らないでしょう。残った人と去っていった人、これは世代間によっても違うし、同じ家族でも違うと思います。出るのか、残るのか、どうするべきだったか、これは外にいても内にいても答えが見つからない。正解なんてないと思う。個人的に僕が思うのは、外にいて残った人に何をしてあげられるか心配するより、自分が外にいてよりよく生きるしかないんじゃないかと。今、質問者の方は京都で働いているということですが、今いる場所で生きて、いい家族を作って、そこで何か余力があったら被災地のものを買うとか、元気な顔を見せに行くとかできると思うんですね。本当に被災地の方々には、一人ひとりいろんな事情があるので、正しい答えなんてない。被災地に行くたびにそれはものすごく感じることです。

――ありがとうございます。被災地の家族に何かをしてあげられない、あるいは実は心配だけど本音は帰りたくないという気持ちが、少し整理できた気がします。今、姜先生がおっしゃった原発被災地でのお金に絡んだ人間関係のトラブルですが、それは石巻にもあるんです。例えば津波で夫を亡くした奥さんがいて、最初はすごく親戚中が同情して慰めたり、助けたりしていたのに、その奥さんに多額の生命保険が入って来た途端、その人が金持ち自慢をするようになって、親戚から総スカンを食ったりとか。人間関係の状況ががらりと変わってしまうということがよくあるそうです。

姜　本当にそうですね。被害が同じなのに、線引きされて、補償金が一千万も二千万も違うとなると、お隣はいい目にあってるわねと、その類の話で地域社会がずたずたになっています。これも一つのアイロニーだと思う。今の宮城、岩手、福島は非常に細分化されて、それぞれ状況が違ってしまったけれど、その外にいても中にいても、その場でよりよく生きるしかないとしか言いようがない。でもそれはとても意味があることだと思います。

シンガポールに見る勝ち組の建築は文化になり得るか?

光嶋《こうしま》裕介（建築家・凱風館設計者）　今日はシンガポールの話がずいぶん出たので、建築家の立場からいくつか質問させていただきたいと思います。諸外国を見ると、建築と近代化というのは常に対になっている印象があります。例えばアントニ・ガウディの才能を花開かせたのは、ガウディの親友であり、最大のパトロンであったエウセビ・グエル。グエルは繊維工業を近代化して成功した実業家です。そうした建築と社会に見える関係性でいうと、日本の近代化においては外国から入ってきた西洋建築がどんどんできていくわけです。

現代においてシンガポールで何が起きているかというと、外国からスター建築家をばんばん連れて来てビルを作っているんです。シンガポールは自前文化がないので、よそから一流どころを連れて来る。シンガポールには、世界のリーディングアーキテクトが作ったビルが立ち並んでいるのですね。日本の建築家たちは今どうしてるかというと、やはりシンガポールをはじめ、諸外国に出ていっている。

日本においてどうして二十一世紀の建築ができないのかを考えると、近代化していく中で、やはり社会と人間が住まう衣食住の関係性には、勝ち組と負け組というある種の非対称があるんですね。条件のいい仕事は、シンガポールのような勝ち組が吸い取っていく。オランダとかヨーロッパの成功した建築家たちは自国でも建てますけど、海外からどんどんいい仕事をもらうので、スタープレーヤーになっていく。僕もプレイヤーであるので、それを考えたとき、少し複雑な気持ちになるんです。そういう場で建築家サイドの思想はどこまで生かされているんだろうかと。プレイヤーとして、もし大金持ちから自分が共感しない建築物を依頼されたら引き受けてしまうんだろうかって……。

例えばオウムです。地下鉄サリン事件のあった一九九五年に僕は学生でしたけど、オウム真理教のサティアン（教団の施設）は窓もなく、装飾もなく、空間さえあればいいという工場仕様の建物に彼らは住んでいました。彼らは空間に対してまったくアテンションがない。ボリュームさえあればいい。それがニュースに出て、ああいう建築のあり方が、いかに我々の写し鏡であるかということを考えさせられました。

現実として、ほとんどの成功する建築家はグローバルに海外へ出ていっている。でも、自分がクライアントとして、オウムやロシアの思想家などから仮に依頼を受けて、それを作ってしまったら、僕としては個人的には一生食える設計料だったとしても、ずっと後悔が残りそうな気がします。

とはいえ、建築家はアーチストじゃないので、クライアントやパトロンがいないと、自分だけでは成り立たない。ガウディもル・コルビュジエも近代化、グローバル化とリンクしてその名を残したわけですし。現代の建築家が、社会の動きとどこまでリンクしていくのか。シンガポールのような、自前文化じゃない、勝ち組のビルがこれからも建ち続けていくのか。今後の予想をお聞きできたらと思います。

強い人間をデフォルトにした現代建築は後世に残らない

内田　現代建築って、後世に残らないような気がするのです。明治時代に作られたヨーロッパ風の建築物は、百五十年経った今でも、建物に入っていくと、なんとなく居心地がいいというか、ほっとする感じがあります。でも、今の建築は、建てたそのときは目新しいかもしれないけれども、すぐ飽きられそうな気がする。

飽きる理由は、建物が人間身体の生理とあまりにかけ離れているからだと思います。人間の生身が求めているものって実はとってもプリミティブなものなのですよ。包まれている、触れられている、守られているといった、そういう身体実感があると居心地がよい。どれほど採光がよくても、動線が合理的でも、内装が豪華でも、身体的に落ち着かないと、長くはいられない。

例えばこの凱風館という建物だと、素材は土と植物だけですよね。木と土壁と紙と。かつて生物であったものが建材に変換されて、ここにある。だから、生き物である人間としても、この環境だと「取りつく島」があるんです。場との対話関係が立ち上げられる。同じ生き物との身近さが癒しや安堵感《あんどかん》を生み出す。

でも、コンクリートやガラスや金属に「同じ生き物」という共感を持つことはできないですよね。建物と中の人間が気楽に対話するということができない。現代建築への僕の最大の不満は、人間の身体の壊れやすさ、傷つきやすさ、脆さ、疲れやすさ、弱さといった要素を勘定に入れてないということです。健常者の強い身体をデフォルトにして建築設計がなされているような気がします。

シンガポールの「クリーンシティ」の建物は「勝ち組の建築」ですね。それは単に勝ち組は年収が多いから、作りが豪華だというだけじゃなくて、ここの住人は身体的にも強健だということが前提にされている。冷たいものに触れても平気だし、窓がなくても息苦しくならないし、周りに自然物が何もなくても気にならないという、そういう種類のタフな感受性とタフな身体感覚が前提にされているような気がします。

それに比べると前近代の建築は「弱い個体」をデフォルトにしている。弱い人間を標準にして、弱い人間が気持ちよく暮らせる空間を考えていたんじゃないかなと思う。近代のどこかの時点で、その基準が逆転して、建物は中に住む人をいたわったり、癒したり、慰めたりするものじゃなくて、中に住む人を奮い立たせ、緊張させ、戦闘力を高めるものだという風に発想が変わったんじゃないかな。

光嶋　グローバル化の中で合理性が重視されていくと、強い人間に標準を合わせたほうが説得力を持つんでしょうか。

内田　弱い人間のための設計って、多分すごく手間とコストがかかるのです。想像力がいるので、非常に細かい解像度が要求されるし。

弱い人間をウエルカムできる公共建築を

光嶋　先ほど軍艦島のビルの話が出ましたけど、大きい建築になっていけばいくほど、一人の建築家がイメージできるものを超えてしまいますね。集団創造としての共同作業になると利権問題なども絡んでくる。三井のマンションの杭《くい》の問題もそうだし、新国立競技場もでかすぎて、現場で何が起きているのか全体像がわからない。そうやって監視や責任とかいうものが肥大化してくると、コントローラブルでなくなって来る。ちょっと古いですけど、姉歯の構造計算書偽造問題もビッグになり過ぎたことの副作用でしょう。

今、内田先生のお話を聞いて得心が行きましたが、グローバル化が推進する建物って、標準を合わせているのは、強くて健康的な人間像なんですね。でも、ほとんどの人間はそうじゃない。どこかに弱い部分を抱えている。そこを見ないふりして建築物を作っていたところはある。その典型がシンガポールです。合理性ということを最優先してしまうと、それは高いからやめようとか、いろんな切り口で単純化されてしまって、ますます人間の身体から遠く離れて行くような気がします。

姜　その点でいうと、僕は、公共の建物こそ、おせっかいで手間のかかる建築物にしないといけないのじゃないかと考えています。内田さんの言う、人の手触りのある空間を作るには、やはり非常に手間がかかるし、面倒なことを引き受けないといけない。でも、人が集う公共建築物には、それは欠かせないことです。

僕は、一月から熊本県立劇場の館長をやっていますが、この間、岐阜県の可児《かに》市にある、文化創造センターというところを見学に行ったんです。この建物は、非常に出入り口が多く、外界に開かれていて、誰もが気軽に入りやすいように設計されている。ここでは高いお金を出して劇を見たりコンサートを楽しむのではなく、そういう場を可能な限り安く提供するにはどうしたらいいかを工夫して、貧困家庭の世帯の子どもに高校生が勉強を教えたり、市民参加プロジェクトを率先してやっています。つまり、弱者をウエルカムする、ある種の社会的機能を建物に持たせている。

強い人は高いお金を出して立派な劇場で楽しんでください、でもここは弱い人たちが優先ですよというメッセージをはっきりと打ち出しているんですね。弱者をウエルカムして、取り込んでいく。取り込んで序列化するのではなく、取り込んだ人たち同士の関係性をうまく扱っていこうという相互扶助がちゃんと行われている。

シンガポールやドバイのビルは、人間性を排除した、また人間の驕《おご》りを強調したバベルの塔みたいなものですよね。これからの公共建築は、弱い人間をサポートできる、社会包摂を考えた、面倒を引き受ける建築物になっていって欲しいと思います。このことは、今日、内田さんとお話しした内容とも、深く重なり合ってくることだと思います。

おわりに

内田 樹

こんにちは。内田樹です。姜尚中さんと対談して本を出すことになりました。姜さんとの共同作業はこれが初めてです。

姜さんと僕は学年が同じで、興味を持っている領域もかなり重複しますから、姜さんが若いころからその仕事には注目していました。お書きになっていることは、僕とは「攻め方」は違いますけれど、共感することが多く（というかほとんどで）、会えばきっと話が弾むだろうなと思っていました。でも、そう思いつつも、お目もじの機会がないままにこの歳になってしまいました。まあ、そういうことってあるんですよね。同年輩の人たち、中沢新一さんとも鷲田《わしだ》清一《きよかず》さんとも関川夏央さんとも、「会えばきっと話が弾むんだろうな」と思いつつ、ある日偶然に「会ってみませんか」という機会が設けられるまではお会いできませんでした（僕は余程の用事がないと家から出ない人間で、出版記念パーティとかナントカ賞受賞パーティの類にはほとんど顔を出しませんから、そういうところで偶然お会いして名刺交換というようなことにはならないのです）。でも、「いつか会いたいなあ」と思っている人とは待っていればいつか必ず会える。だから、別に心配することはないんです。後から思うと、「ああ、あの時がまさに会うべきときだったのだなあ」とわかる。姜さんともそんな風にしてお会いしました。

いやあ、とうとうお会いできましたね、という挨拶を交わして、座ってすぐに話題の核心に入りました。そういうものなんですよね。「瀬踏みする」とか「ブラフをかます」とか、そういう相手の力量を推し量るような余計なことはしないんです。だって、力量のほどは知っているから。とにかく全力でぶつかって行くしかない。手抜きはできない。こういう真剣な対談では、「これまでよそで書いたり、しゃべったりした熟知されたこと」を反復していたのでは言葉が相手に「届かない」。

これは話していてすぐわかる。「他の相手にもこれまでしてきた話」を繰り返していると、聞いていてすぐわかる。それは言い換えると「僕の目の前にいるのがあなたじゃなくても、他の人でも、僕の話すことは変わらない（ということはあなたは「誰でもいい人間」だということだ）」という暗黙のメッセージを発信することになる。せっかくの対談相手に恵まれたわけですから、僕としては「これまで誰にも話したことがなかった話」。姜さんが前にいてくれたおかげでたった今思い付いた話」を選択的にしたい。姜さんからは「これまで誰にも話したことがなかったけれど（以下同文）」を聞き出したい。

ですから、これは独特の緊張感のある対談でした。緊張感と言っても、論争とかそういう時ののぴりぴりした緊張感ではありません。だって、論争なんかしてないんですから。ほとんどの論点で姜さんと僕の二人の意見は一致していました（それはお読みになればわかります）。ほとんどの論点で一致していながら、なおかつ対談がスリリングなものになるためには、「ああ、こういう論拠や、こういう推論によって、自分と同じ結論に至るということもあるのか」ということでお互いが「その手があるとは知らなかった……（メモメモ）」と耳をそばだてて相手の話を聴く、そういう時の独特の緊張感です。それは、聴衆として二人の対談をお聞きになった方たちには実感されたのではないかと思います。

僕にとっては姜さんと過ごした時間はとても刺激的でかつスリリングなものでした（姜さんも同じ感想を持ってくださったら嬉《うれ》しいです）。きっとこれからもお会いしてお話しする機会が何度もあると思います。その機会ができるだけ早く来ることを願っています。

この「おわりに」を書いているのは四月二十一日です。一週間前に熊本で大きな地震がありました。地震はまだ続いており、被災者の救援活動は様々な困難に遭遇しています。熊本は姜さんの故郷であり、今は熊本県立劇場の館長をされているゆかりの深い土地ですから、ご心痛のことと思います。きっとこれから姜さんが救援復興のための運動を立ち上げてゆくと思いますので、それにはできるだけ協力してゆきたいと思っております。

主要参考文献

フランシス・フクヤマ著　渡部昇一訳『歴史の終わり（上下）』三笠書房　一九九二年
マックス・ヴェーバー著　大塚久雄・生松敬三訳『宗教社会学論選』みすず書房　一九七二年
カール・ポラニー著　野口建彦・栖原学訳『［新訳］大転換――市場社会の形成と崩壊』東洋経済新報社　二〇〇九年
石原完爾『世界最終戦論』立命館出版部　一九四〇年
フランツ・ファノン著　鈴木道彦・浦野衣子訳『地に呪われたる者』みすず書房　二〇一五年
ピエール・ブルデュー著　石井洋二郎訳『ディスタンクシオンⅠⅡ――社会的判断力批判』藤原書店　一九九〇年
ベルナール＝アンリ・レヴィ著　内田樹訳『フランス・イデオロギー』国文社　一九八九年
エマニュエル・トッド著　堀茂樹訳『シャルリとは誰か？――人種差別と没落する西欧』文春新書　二〇一六年
ミシェル・ウエルベック著　大塚桃訳『服従』河出書房新社　二〇一五年
ジョージ・オーウェル著　高橋和久訳『一九八四年［新訳版］』ハヤカワepi文庫　二〇〇九年
内田樹・中田考「希代の思想家とイスラーム法学者がテロに揺れる緊迫の世界情勢を徹底トーク!!」『週刊プレイボーイ』二〇一六年一月四・十一日号
内田樹・中田考『一神教と国家――イスラーム、キリスト教、ユダヤ教』集英社新書　二〇一四年

サミュエル・ハンチントン著　鈴木主税訳『文明の衝突』集英社　一九九八年
ローレンス・トーブ著　神田昌典監訳『3つの原理――セックス・年齢・社会階層が未来を突き動かす』ダイヤモンド社　二〇〇七年
カント著　宇都宮芳明訳『永遠平和のために』ワイド版岩波文庫　二〇〇五年
井上佳子『三池炭鉱「月の記憶」――そして与論を出た人びと』石風社　二〇一一年
アントニオ・ネグリ、マイケル・ハート著　水嶋一憲ほか訳『〈帝国〉――グローバル化の世界秩序とマルチチュードの可能性』以文社　二〇〇三年
トクヴィル著　松本礼二訳『アメリカのデモクラシー（第一巻上下・第二巻上下）』岩波文庫　二〇〇五～二〇〇八年
盛田茂『シンガポールの光と影――この国の映画監督たち』インターブックス　二〇一五年
内藤正典・中田考『イスラームとの講和――文明の共存をめざして』集英社新書　二〇一六年
ハイデガー著　熊野純彦訳『存在と時間1～4』岩波文庫　二〇一三年
赤木智弘「『丸山眞男』をひっぱたきたい――31歳フリーター。希望は、戦争。」『論座』二〇〇七年一月号
萩原延壽『自由の精神』みすず書房　二〇〇三年

内田 樹（うちだ たつる）

一九五〇年東京都生まれ。神戸女学院大学名誉教授。思想家・武道家。著書に『日本辺境論』（新潮新書）、『一神教と国家』（集英社新書）他多数。

姜尚中（カン サンジュン）

一九五〇年熊本県生まれ。東京大学名誉教授。政治学。著書に『マックス・ウェーバーと近代』（岩波現代文庫）、『悩む力』（集英社新書）他多数。

世界《せかい》「最終《さいしゅう》」戦争論《せんそうろん》 近代《きんだい》の終焉《しゅうえん》を超《こ》えて

集英社新書〇八三六A

二〇一六年六月二二日 第一刷発行

著者……内田《うちだ》 樹《たつる》／姜尚中《カンサンジュン》

発行者……加藤 潤

発行所……株式会社集英社

東京都千代田区一ツ橋二-五-一〇 郵便番号一〇一-八〇五〇

電話 〇三-三二三〇-六三九一（編集部）
〇三-三二三〇-六〇八〇（読者係）
〇三-三二三〇-六三九三（販売部）書店専用

装幀……原 研哉

印刷所……大日本印刷株式会社 凸版印刷株式会社

製本所……加藤製本株式会社

定価はカバーに表示してあります。

ISBN 978-4-08-720836-8 C0231 Printed in Japan

a pilot of wisdom

集英社新書　好評既刊

政治・経済——A

- 戦争の克服　阿部浩己　鵜飼哲　森巣博
- 「権力社会」中国と「文化社会」日本　王雲海
- 「石油の呪縛」と人類　ソニア・シャー
- 増補版日朝関係の克服　姜尚中
- 憲法の力　伊藤真
- イランの核問題　テレーズ・デルペシュ
- 狂気の核武装大国アメリカ　ヘレン・カルディコット
- コーカサス 国際関係の十字路　廣瀬陽子
- オバマ・ショック　越智道雄　町山智浩
- 資本主義崩壊の首謀者たち　広瀬隆
- イスラムの怒り　内藤正典
- 中国の異民族支配　横山宏章
- ガンジーの危険な平和憲法案　C・ダグラス・ラミス
- リーダーは半歩前を歩け　姜尚中
- 邱永漢の「予見力」　玉村豊男
- 社会主義と個人　笠原清志
- 「独裁者」との交渉術　明石康
- 著作権の世紀　福井健策
- メジャーリーグ なぜ「儲かる」　岡田功
- 「10年不況」脱却のシナリオ　斎藤精一郎
- ルポ 戦場出稼ぎ労働者　安田純平
- 二酸化炭素温暖化説の崩壊　広瀬隆
- 「戦地」に生きる人々　日本ビジュアル・ジャーナリスト協会編
- 超マクロ展望 世界経済の真実　水野和夫　萱野稔人
- TPP亡国論　中野剛志
- 日本の1/2革命　池上彰　佐藤賢一
- 中東民衆革命の真実　田原牧
- 「原発」国民投票　今井一
- 文化のための追及権　小川明子
- グローバル恐慌の真相　中野剛志　柴山桂太
- 帝国ホテルの流儀　犬丸一郎
- 中国経済 あやうい本質　浜矩子
- 静かなる大恐慌　柴山桂太

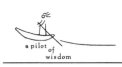

集英社新書　好評既刊

哲学・思想——C

デモクラシーの冒険	姜尚中 / テッサ・モーリス-スズキ
新人生論ノート	木田元
乱世を生きる 市場原理は嘘かもしれない	橋本治
ブッダは、なぜ子を捨てたか	山折哲雄
憲法九条を世界遺産に	太田光 / 中沢新一
悪魔のささやき	加賀乙彦
「狂い」のすすめ	ひろさちや
越境の時 一九六〇年代と在日	鈴木道彦
偶然のチカラ	植島啓司
日本の行く道	橋本治
新個人主義のすすめ	林望
イカの哲学	中沢新一 / 波多野一郎
「世逃げ」のすすめ	ひろさちや
悩む力	姜尚中
夫婦の格式	橋田壽賀子
神と仏の風景「こころの道」	廣川勝美
無の道を生きる——禅の辻説法	有馬頼底
新左翼とロスジェネ	鈴木英生
虚人のすすめ	康芳夫
自由をつくる 自在に生きる	森博嗣
不幸な国の幸福論	加賀乙彦
創るセンス 工作の思考	森博嗣
天皇とアメリカ	吉見俊哉 / テッサ・モーリス-スズキ
努力しない生き方	桜井章一
いい人ぶらずに生きてみよう	千玄室
不幸になる生き方	勝間和代
生きるチカラ	植島啓司
必生《ひっせい》 闘う仏教	佐々井秀嶺
韓国人の作法	金栄勲
強く生きるために読む古典	岡敦
自分探しと楽しさについて	森博嗣
人生はうしろ向きに	南條竹則
日本の大転換	中沢新一

a pilot of wisdom

実存と構造　三田誠広
空《くう》の智慧、科学のこころ　ダライ・ラマ十四世／茂木健一郎
小さな「悟り」を積み重ねる　アルボムッレ・スマナサーラ
科学と宗教と死　加賀乙彦
犠牲のシステム　福島・沖縄　高橋哲哉
気の持ちようの幸福論　小島慶子
日本の聖地ベスト100　植島啓司
続・悩む力　姜尚中
心を癒す言葉の花束　アルフォンス・デーケン
自分を抱きしめてあげたい日に　落合恵子
その未来はどうなの？　橋本治
荒天の武学　内田樹／光岡英稔
武術と医術　人を活かすメソッド　甲野善紀／小池弘人
不安が力になる　ジョン・キム
冷泉家　八〇〇年の「守る力」　冷泉貴実子
世界と闘う「読書術」　思想を鍛える一〇〇〇冊　佐高信／佐藤優
心の力　姜尚中

一神教と国家　イスラーム、キリスト教、ユダヤ教　内田樹／中田考
伝える極意　長井鞠子
それでも僕は前を向く　大橋巨泉
体を使って心をおさめる　修験道入門　田中利典
百歳の力　篠田桃紅
釈迦とイエス　真理は一つ　三田誠広
ブッダをたずねて　仏教二五〇〇年の歴史　立川武蔵
「おっぱい」は好きなだけ吸うがいい　加島祥造
イスラーム　生と死と聖戦　中田考
アウトサイダーの幸福論　ロバート・ハリス
進みながら強くなる　――欲望道徳論　鹿島茂
科学の危機　金森修
出家的人生のすすめ　佐々木閑
科学者は戦争で何をしたか　益川敏英
悪の力　姜尚中
生存教室　ディストピアを生き抜くために　内田樹／光岡英稔
ルバイヤートの謎　ペルシア詩が誘う考古の世界　金子民雄

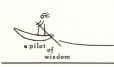